Ullrich

2001

Klaus Hofmeister / Lothar Bauerochse (Hg.)

MACHTWORTE DES ZEITGEISTES

Klaus Hofmeister und
Lothar Bauerochse (Hg.)

Machtworte des Zeitgeistes

echter

Die Deutsche Bibliothek – CIP-Einheitsaufnahme

Machtworte des Zeitgeistes / hrsg. von Klaus Hofmeister ; Lothar Bauerochse.
– Würzburg : Echter-Verlag, 2001
ISBN 3-429-02310-6

Umschlag: Peter Hellmund, Würzburg (Foto: Gettyone Stone)
Druck und Bindung: Clausen & Bosse GmbH, Leck
ISBN 3-429-02310-6

Inhalt

Vorwort

Es gibt Worte, die in unserer Zeit unhinterfragte »Hoheit« genießen. Worte wie Flexibilität, Erfolg, Fitness stehen in der Wertehierarchie ganz oben und verlangen ungefragt allgemeinen Einfluß. Wer mithalten will in der Gesellschaft, muß ihre Autorität anerkennen. Wir haben sie deshalb die »Machtworte des Zeitgeistes« genannt.

Normalerweise werden Machtworte ja lautstark gesprochen. Die Machtworte des Zeitgeistes aber kommen auf leisen Sohlen. Sei mobil! Sei flexibel! Habe Spaß! Sie sind Zumutung und Verführung zugleich. Ihr Erfolg liegt darin, daß sie wie lauter Selbstverständlichkeiten wirken. Ihr Imperativ ist so allgegenwärtig wie die Luft zum Atmen. Muß man die »Machtworte des Zeitgeistes« hinterfragen?

Wir finden ja und haben den Versuch in einer gleichnamigen Sendereihe im Hessischen Rundfunk unternommen. Was uns so beharrlich und selbstverständlich beherrscht wie die »Machtworte des Zeitgeistes«, verdient Kritik; verdient eine regelrechte »Herrschaftskritik«. Es geht darum, ihre subtilen Mechanismen, ihre gesellschaftliche Dynamik zumindest an einigen Beispielen freizulegen. Nicht im Stile einer larmoyanten Kulturkritik. Sondern auf der Suche nach den Zeichen der Zeit und in der unverbesserlichen Überzeugung, daß im Zeitgeist immer auch menschliche Nöte, Sehnsüchte, Bedürfnisse sichtbar werden, die zu kennen für eine sensible christliche »Zeitgenossenschaft« nötig sind.

Wenn es um den Zeitgeist geht, neigen nicht zuletzt kirchliche Verlautbarungen manchmal zum vorschnellen Urteil über »Zeitirrtümer« und den vermeintlichen »Ungeist« im Zeitgeist. Die Beiträge in diesem Buch zeigen aber, daß der Zeitgeist tief hineinreicht auch in den Bereich von Kirche und Religion. Auch sie sind längst angesteckt von Zeitgeistphänomenen. Manchmal teilen sie die allgemeine gesellschaftliche Blindheit ihnen gegenüber, manchmal greifen sie sie kreativ auf. Sie sind auf jeden Fall Teil des laufenden Selbsterfahrungs- und Lernprozesses, der sich im »Zeitgeist« spiegelt.

Damit aus dem »Zeitgeist« ein gesellschaftlicher Lernprozeß werden kann, ist genaue Beobachtung und Analyse nötig und natürlich das Gespräch darüber. Elf namhafte Autoren widmen sich deshalb jeweils einem der »Machtworte des Zeitgeistes«.

Den Anfang macht der Kölner Philosoph Hans-Joachim Höhn. Er beschäftigt sich mit der allgegenwärtigen *Beschleunigung* unserer Gesellschaft. Geschwindigkeit zählt – auf der Autobahn, im Beruf, bei der Karriereplanung, ja selbst in der Freizeit. »Was immer du tust, erledige es möglichst schnell«, das ist der kategorische Imperativ der Neuzeit.

Damit zusammen hängt der Begriff der *Fitness*. Körperlich fit sein, das gehört für viele einfach dazu, um in unserer Gesellschaft mitzuhalten. Davon lebt ein ganzer Wirtschaftszweig: Fitness-Studios, Zeitschriften, Diätberater. Was aber bedeutet das? Zählt heutzutage nur noch der äußere Schein, der schöne, durchtrainierte Körper? Welche Krisen löst das aus bei denen, die nicht mithalten können oder wollen? Themen im Beitrag des Theologen und Publizisten Bernardin Schellenberger.

Von *Erfolg* zu reden, das hat in christlichen Kreisen manchmal fast etwas Unanständiges. Das Christentum gilt gemeinhin als eine Religion, in der die Gescheiterten, die Verlierer, die Erfolglosen im Mittelpunkt stehen. Der Tod des Jesus von Nazareth, sein Scheitern am Kreuz gilt als Geburtsstunde der christlichen Religion. Hat sie darum nichts – oder nur Kritisches – zu sagen über die, die Erfolg haben oder den Erfolg suchen? Der Theologe Stefan Krebs geht der Frage nach, ob nicht auch das Christentum auf Erfolg setzt.

Die Gesellschaft wandelt sich heute schneller als je zuvor. Der Veränderungsdruck erfaßt Biographien und Lebensentwürfe genauso wie die Politik. Machbarkeit und Pragmatismus regieren. Positionen und verläßliche Profile werden Mangelware. Feste Lebensentwürfe weichen dem dauernden Wechsel. Wer mithalten will, muß flexibel sein, bereit zum Neuanfang, zum dauernden Dazulernen. Wieviel *Flexibilität* ist notwendig, wieviel noch gesund? Wieviel Standfestigkeit und Rückgrat braucht der Mensch? Und wo wird die geforderte Geschmeidigkeit in Beruf und Biographie zu gefährlicher Biegsamkeit? Diesen Fragen geht der Gießener Psychoanalytiker Horst-Eberhard Richter nach. Er diagnostiziert in seinen Forschungen bereits eine zaghafte Rückbesinnung der Gesellschaft auf Werte von Verläßlichkeit und Orientierung.

Um den allgegenwärtigen Trend zum *Event* kümmert sich der Journalist und Theologe Alexander Foitzik. Wer heute etwas verkaufen will, muß schon ein Event bieten, ein lustvolles Erlebnis. Scharen professioneller Eventmanager sorgen für immer neue Höhepunkte im unerbittlichen Konkurrenzkampf um Aufmerksamkeit und Marktpräsenz. Schon sind die Kirchen von diesem Trend erfaßt. Mit seinen Jugendtagen produziert der Papst Mega-Events, die den Vergleich mit der Berliner »Love Parade« geradezu heraufbeschwören. Bleibt in diesem immer grelleren Treiben der Sinn auf der Strecke? Steuern wir auf das totale Regime von Oberflächlichkeit, Hedonismus und Konsum zu?

Individualität steht hoch im Kurs. Freiheit und Wohlstand schaffen den Raum, in dem der Einzelne sich als Individuum verwirklichen kann. Doch die Gesellschaft und die Umwelt zahlen dafür einen hohen Preis. Muß Individualität sich zwangsläufig gegen die Gemeinschaft und die Natur wenden? Wie läßt sich Selbstverwirklichung so gestalten, daß sie nicht in Konkurrenz tritt zur Verantwortung für die Menschheit und die Erde? Darin liegt die große Herausforderung der Zeit, meint der Schweizer Jesuit Lukas Niederberger. Und er glaubt, daß sich beide Pole in einem ganzheitlichen Leben verbinden lassen.

Soziologen reden seit einigen Jahren gerne von der »Spaßgesellschaft«. Eine ganze Generation von Heranwachsenden wird mit dem Etikett versehen, daß es ihr vor allem darauf ankommt, *Spaß* zu haben. Und die Unterhaltungsindustrie fördert den Trend nach Kräften. Nirgends ist so viel Geld zu verdienen wie mit dem Spaßbedürfnis der Menschen. Was aber steckt dahinter? Nur oberflächliches Geplänkel? Hat, wer Spaß hat, auch schon sein Glück gefunden? Diesen Fragen geht der Theologe und Journalist Andreas Malessa in seinem Beitrag nach.

Dem zentralen Zauberwort der Moderne widmet sich der Freiburger Religionssoziologe Michael N. Ebertz. Das Neue ist das Moderne und das Moderne ist das Gute. So lautet die unhinterfragte Assoziationskette der Gegenwart. In der Waren- und Konsumwelt schafft der Zusatz *»Neu!«* nach wie vor spontane Neugier und unmittelbaren Kaufreiz. Wie kann das Christentum in diesem Zeitgeist überleben, wo es sich doch auf eine alte Botschaft beruft und sich an Traditionen orientiert? Aber ein Blick in die Geschichte der Moderne zeigt, daß der optimistische Glaube an den Fortschritt und die Machbarkeit der neuen Zukunft bereits enttäuscht ist. Der Reiz des Neuen bestimmt zwar immer noch den gesellschaftlichen Betrieb. Aber die große Utopie vom Sinn und Ziel des Neuen ist verblaßt. Kann die christliche Utopie da noch ihre Kraft entfalten?
Wohl kaum etwas hat in den vergangenen Jahren so sehr einen Boom erfahren wie die Wirtschaftsnachrichten und die alltäglichen Börsennotizen. Immer neue Zeitschriftentitel bemühen sich, den Kleinanleger mit gewinnbringenden Tips zu versorgen. Der Aktienindex wird zur Fieberkurve einer ganzen Gesellschaft. Alles hat seinen *Marktwert*, nicht nur das Aktiendepot. Eine neue, siegreiche Weltreligion entsteht, die alle Kontinente und alle irdischen Verhältnisse zu bestimmen sucht. Das jedenfalls behauptet der Theologe und Soziologe Reimer Gronemeyer.
Früher mußte, wer mithalten wollte, »auf Draht« sein. Im Zeitalter des Internets kommt es darauf an, »drin« zu sein. Das Internet als neuestes Kommunikationsmedium expandiert atemberaubend. Wer nicht *»online«* ist, wird abgehängt vom Zug der Zukunft. Wie verändert das Internet mit seinen virtuellen Welten die Kommunikation der Zukunft? Steuern wir auf die totale Vereinzelung der Menschen zu, ein Leben allein per Mausklick und Fernbedienung? Oder eröffnen sich neue Chancen der Vergemeinschaftung über alle Grenzen hinweg? Der Journalist und Theologe Eduard Kopp stellt nicht zuletzt die Chancen und Gefahren dar, denen sich die Kirchen in diesem neuen Medium ausgesetzt sehen.
Die Gesellschaft ist mobil geworden. Lebensentwürfe, die sich auf Dauer an einen Ort binden, gehören in der Mehrheit

der Vergangenheit an. *Mobilität* ist gefragt, ob im Beruf oder in der Familie. Das Pendler-Dasein gehört für Millionen zum Alltag, jahraus, jahrein. Wann aber wird Mobilität zur Heimatlosigkeit? Wieviel Verläßlichkeit und Stabilität braucht der Mensch? Mobilität kann die Welt undurchschaubar machen, behauptet Fulbert Steffensky, Religionspädagoge und Publizist aus Hamburg.

Die Beiträge dieses Buches präsentieren einen ganzen Strauß von Begriffen, von denen wir meinen, daß es durchaus mächtige Worte sind in unserer Zeit, die das gesellschaftliche Gespräch – und damit auch menschliche Grundhaltungen – prägen und bestimmen. Die einzelnen Beiträge stehen jeweils für sich. Und doch zeigen sich zwischen ihnen zahlreiche Querverweise. Am Ende wird deutlich, daß die Machtworte und die damit verbundenen gesellschaftlichen Tendenzen ein zusammenhängendes Geflecht ergeben. Auf diese Weise, so hoffen wir, tragen die Beiträge dieses Buches und der gleichnamigen Sendereihe in hr2, dem Kulturprogramm des Hessischen Rundfunks, zu einem neuen und kritischen Blick auf Strömungen des Zeitgeistes bei.

Klaus Hofmeister *Lothar Bauerochse*

HANS-JOACHIM HÖHN

Beschleunigung

»Beeil dich! Los, auf geht's! Wo bleibst du denn – wir wollen doch weg! Mach schneller!« – In meinem durchaus konservativ zu nennenden Elternhaus waren Stillstand und Untätigkeit verpönt. Selbst zur Unterhaltung und Entspannung schaute man sich *laufende* Bilder an – vorzugsweise das Schnelldenkerquiz »Dalli, dalli« von Hans Rosenthal. Bald ging mir auf, welche Pädagogik und Ethik mit dem Lob der Schnelligkeit verbunden war: Man kann nur der Erste sein, wenn man der Beste ist. Zu den Ersten und Besten zählt man aber nur, wenn man am schnellsten ist. Der kategorische Imperativ ist heute ein kinetischer Imperativ, ein Imperativ der Bewegung: »Was immer du tust, erledige es möglichst schnell, damit an den Handlungsfolgen möglichst rasch deutlich wird, was es mit diesem Tun letztlich auf sich hat!«

Der Wert unseres Tuns wird am Getanen gemessen. Und je früher dessen Wert absehbar ist, um so eher ist klar, ob die Anstrengung lohnt. Darum ist Tempo angesagt. Wer sich zu lange Zeit läßt, verliert zuviel Zeit. Das wäre hinnehmbar, wenn es sich dabei nicht um »Lebenszeit« handeln würde. Ihr Kontingent ist begrenzt. Daß sich der Mensch bei allem zu beeilen hat, liegt an der Befristung des Daseins. Wir haben nicht beliebig viel Zeit. Sie wird im Laufe eines Lebens immer weniger; sie verrinnt, sie geht uns aus.

Wollen die Menschen in der kurzen Spanne ihrer Lebenszeit etwas vom Leben haben, dürfen sie nichts verpassen. Wir müssen es in einem endlichen Leben möglichst schnell zu etwas bringen. Wir müssen so schnell sein, daß wir vor dem Tod da sind – sonst erreichen wir *in* und *mit* unserem Leben gar nichts.

Deshalb sind die wichtigsten Eigenschaften von Menschen und Dingen in dieser Zeit: Flexibilität und Mobi-

lität. Dafür sprechen nicht bloß ökonomische Argumente, sondern auch gute philosophische Gründe. Zur Philosophie der Neuzeit gehört die Überzeugung, daß jetzt die Zeit für das Neue gekommen ist. Im Neuen liegt die Zukunft. Ihr muß das Alte Platz machen. Seit der Aufklärung gilt: Aus Tradition soll Innovation werden und über die rechten Innovationen soll die Vernunft bestimmen. Damit das gelingen kann, ist der Vernunft auf die Sprünge zu helfen. Das ist nicht nur Philosophenpflicht. Wenn endlich die Vernunft mobil macht – und nicht das Militär – können alle Zeitgenossen aus freien Stücken mit von der Partie sein. Alle können etwas bewegen, wenn sie die Projekte der Vernunft – Aufklärung, Freiheit, Fortschritt – befördern. Ein Tempolimit gibt es dabei nicht. Es wäre auch nur hinderlich. Denn wo die Vernunft das Tempo angibt, wird alles immer schneller immer besser werden. Wenn aber alles bleibt, wie es ist, wird alles immer schneller immer schlechter werden.
Allerdings hängt alles daran, daß der fortschrittswillige Vernunftmensch genug Zeit hat. Dann ist nichts unmöglich. Aber hier liegt auch das Problem. In einem endlichen Leben gibt es nie genug Zeit. Anders wäre es, wenn man sie vermehren könnte. Dazu bieten sich zwei Möglichkeiten an. Entweder versucht man, das Ende der Zeit hinauszuschieben, indem man den Tod aufhält, hinausschiebt, verdrängt. Oder man holt mehr aus der verfügbaren Zeit heraus. Man hat dann *im* Leben mehr *vom* Leben, wenn den wichtigen Dingen im Leben nicht allzu lange Zeit gelassen wird. Im Leben passiert mehr, wenn alles schneller passiert. Wenn es schon unmöglich ist, sich selbst Flügel zu verleihen, so kann man doch allem anderen Beine machen.
Fortschritt bedeutet für die Moderne mehr als nur eine Bewegung im Raum. Es geht nicht bloß darum, von A nach B zu gelangen. Fortschritt ist auch eine Kategorie der Zeit. Es geht darum, immer schneller von A nach B zu gelangen. Fortschritt besteht in Temposteigerungen des Vorwärtskommens. Wo es zur Mobilmachung des Fortschritts kommt, werden letztlich solche Tempostei-

gerungen angestrebt. Kein Autobauer begnügt sich damit, seine Autos so zu verbessern, daß sie immer größere Höchstgeschwindigkeiten erreichen. Es beeindruckt Kunden und Konkurrenten weitaus mehr, wenn es die Autos schaffen, in immer kürzeren Intervallen »von 0 auf 100« zu kommen. Fortschritt wird an der Verkürzung der Zeit gemessen, die vergeht, bis die Höchstgeschwindigkeit erreicht ist.

Beschleunigungen dienen dem Zeitgewinn. Beschleunigungen führen dazu, daß sich die Ereignisdichte pro Zeiteinheit beträchtlich erhöhen läßt. Was abstrakt klingt, finden viele Zeitgenossen ungemein praktisch. Allenthalben regiert der Instant-Effekt: »eingießen – umrühren – fertig!«. Berufstätige suchen in den Mittagspausen Fast-food-Restaurants auf, erledigen ihre Einkäufe mit der Kreditkarte oder praktizieren das Leasing – hier entfällt das lästige und zeitraubende Ansparen des benötigten Geldes. Abgebrochene Absätze repariert »Mister Minit«, Urlaubsfotos werden nicht mehr im Labor entwickelt, sondern gleich nach dem Schnappschuß in der Hand des Polaroidkameramanns. Wie gut, daß es die »Sofortreinigung« und »Schnellgerichte« für die Mikrowelle gibt. Und wer möglichst rasch ein eigenes Dach über dem eigenen Kopf haben möchte, baut sich am besten ein »Fertighaus«...

Der Regel, daß Modernisierungen stets den Charakter von Mobilisierungen haben, folgen auch Technik und Ökonomie. Es reicht nicht, möglichst viel und schnell zu produzieren. Man muß mit neuen Produkten auch möglichst rasch am Markt sein – auf jeden Fall schneller als die Konkurrenz. Wer zuerst kommt, verdient zuerst. Allerdings ist auch für Marktführer keine ungefährdete Marktpräsenz gesichert. Durch stets neue Innovationsschübe verkürzen sich nämlich die »Produktlebenszeiten«. Lange bevor ein Gerät unbrauchbar geworden ist, wird es nicht mehr benutzt. Das zeigt sich besonders einprägsam im Bereich der Datenverarbeitung und Unterhaltungselektronik. In immer kürzeren Abständen kommen neue Generationen von »moderneren« Hard- und

Softwareprodukten auf den Markt. Wer einen neuen PC erwirbt, sollte gleich einen Gutschein für das demnächst erwartete »update« des gerade neu entwickelten Betriebssystems kaufen.
Modernisierungen erhöhen die Veraltensrate des Überkommenen und setzen das Verfallsdatum des Bestehenden drastisch herab. Sie gehen mit Verlusten und Enteignungen einher. Man muß sich vom Vertrauten früh wieder verabschieden. Der Preis hierfür wird aber bereitwillig gezahlt, da er für die Endverbraucher offenbar durch Komfortgewinne mehr als wettgemacht wird. Auch hierfür liefert der Elektronikmarkt die passenden Belege. Und er sorgt für Neudefinitionen des Begriffs »Mobilität«. Die neuen Medien ermöglichen »Echtzeit«-Kommunikation und entbinden zugleich vom Zwang der räumlichen Anwesenheit. Wer Fußballweltmeisterschaften live im Fernsehen verfolgt, kriegt mehr vom Spiel mit als die Besucher im Stadion. Mobil ist nicht, wer sich überall hinbewegen kann, sondern wer überall erreichbar ist – per Handy oder e-mail. Auf freiem Fuß zu bleiben und ohne festen Wohnsitz zu sein, muß sich nicht mehr ausschließen, solange man an jedem Ort der Welt mit der ganzen Welt »online« in Verbindung treten kann. Kein Bedürfnis muß mehr vertagt werden. Spezielle TV-Kanäle sind für Teleshopper rund um die Uhr geöffnet, und per Modem lassen sich auch noch um Mitternacht Bankgeschäfte erledigen.
Im Zeitalter der Beschleunigung ist alles »im Fluß«. Alles existiert im Plural und in der Möglichkeitsform. Hier gilt das »multiple-choice-Prinzip«: Es ist immer mehr als eine Antwort richtig. Und es ist gut so. Denn je zahlreicher die Varianten sind, in denen kulturelle Sinnangebote vorliegen, um so größer ist die Wahrscheinlichkeit, etwas individuell Passendes zu finden. »Markentreue« gibt es dabei immer seltener. Feste Zusagen und Zugehörigkeiten werden unter den Vorbehalt gestellt, daß sich nicht in nächster Zeit etwas Besseres und Günstigeres ergibt. Verbucht wird dies als individueller Freiheitszuwachs und insofern auch als sozialer Fortschritt.

Für das hohe Lied auf die schöne neue Mobilwelt ist es jedoch noch zu früh. Und ebenso voreilig wäre es, zwischen Mobilität und Freiheit ein Gleichheitszeichen zu setzen. Was vom Individuum aus betrachtet zunächst als Freiheitsgewinn erscheinen mag, erweist sich aus der Perspektive der Gesellschaft als bloße Bedingung dafür, daß alles optimal funktioniert. Gefragt in einer arbeitsteiligen Gesellschaft ist der flexible Einzelne. Zu viele und zu enge soziale Bindungen, Familie und Kinder, sind nicht nur hinderlich für das eigene Fortkommen, sondern auch für die wirtschaftliche Produktivität. Erwartet und belohnt wird die Bereitschaft zum Ortswechsel. Kleiner Trost für Nesthocker: Berufsbedingte Umzüge sind steuerlich absetzbar. Und da man die alte Telefonnummer mitnehmen darf, ist man für Freunde und Verwandte »ja nicht aus der Welt« und sogar unter der gewohnten Verbindung erreichbar.

In der Mobilwelt gelten nur Ideen und Konzepte etwas, mit denen sich »etwas in Gang bringen« läßt. Der Test, ob »etwas geht oder nicht«, führt aber dazu, daß sich nur das »Gängige« behaupten kann. Was den Anspruch erhebt, etwas Beständiges zu sein, gerät unter Stagnationsverdacht. Bestand ist nur dem beschieden, das alle Flexibilisierungs- und Deregulierungswellen mitmacht und aushält. Nur wer mobil bleibt, bleibt modern. Modern sind soziale Verhältnisse dann, wenn Vorwärtsbewegungen möglich bleiben. Eine moderne Ehe muß scheidbar sein, um noch einmal »neu« oder »von vorne« anfangen zu können. Moderne Konsumartikel muß man umtauschen dürfen, wobei Umtausch und Rückgabe nicht mit technischen Mängeln des Artikels zu begründen sind – es genügt, daß sich in der Zwischenzeit der Geschmack des Kunden geändert hat. »Bei Nichtgefallen Geld zurück!«

Von diesen Trends erfaßt werden auch Moral und Religion, die lange Zeit den Status kultureller Immobilien hatten. Sie waren institutionell abgestützt, in den Lebensführungsgewißheiten der Subjekte tief verankert und fester Bestandteil der kulturellen Identität einer

Gesellschaft. Jetzt verändern sie ihren Aggregatzustand. Eine »moderne« Religiosität muß sich auf die wechselnden spirituellen Bedürfnisse einstellen, die ein Individuum stets nur auf Zeit in die Nähe bestimmter Konfessionen führen. Viele Zeitgenossen möchten in allen ihren Angelegenheiten möglichst lange auch noch »ganz anders können«, als sie gerade gewollt haben. Sie sind auch in Religionsdingen längst Passanten, Surfer, Flaneure geworden. Am liebsten reisen sie mit leichtem Handgepäck und verzichten auf die dogmatische Schwere alles Konfessionellen.

Wo Modernisierungen als Mobilisierungen auftreten, verstärken sich mit zunehmender Geschwindigkeit die Fliehkräfte. Moderne Gesellschaften könnten von ihren eigenen Mobilisierungsschüben »zerlegt« werden. In der Ökonomie ist darauf zunächst mit einer Standardisierung von Zeiteinheiten als Handlungseinheiten reagiert worden. An die Stelle der Orientierung an den Rhythmen und Kreisläufen der Natur tritt der Takt wiederholbarer Tätigkeiten. Das Fließband gibt das Zeitmaß vor, an dem sich die Arbeiter zu orientieren haben. Die ursprünglich an natürlichen Zyklen ausgerichtete Landwirtschaft übernimmt zunehmend industrielle Zeitordnungen. Der Zeitpunkt der Ernte oder der Schlachtreife hängt nun nicht mehr von der »Eigenzeit« von Pflanzen und Tieren ab, sondern von künstlich steuerbaren Wachstums- und Mastzeiten.

Einer solchen Standardisierung des (Arbeits)Lebens, die den festen Vorgaben von Stechuhr, Lieferfristen, Anwesenheitspflichten folgt, hat die Globalisierung der Ökonomie eine neue Dimension hinzugefügt. An die Stelle des zeitlichen Nacheinanders aufeinander abgestimmter Tätigkeiten tritt nun die Synchronie. Aus dem kinetischen Imperativ »schneller, höher, weiter« wird der Indikativ des Maximalen: »viel, mehr, immer«! Es gilt, ein Produkt jederzeit für (fast) jeden überall und sofort verfügbar zu machen. Restaurantbesucher haben es als erste bemerkt, als von den Speisekarten die Rubrik »Früchte der Saison« verschwand. Wenn für jedes Obst gewächshausbedingt *immer* Saison ist oder Freilandgewächse jederzeit aus jeder Weltregion importiert werden können, wo für sie *gerade* Saison ist, gibt es in der grenzenlosen Mobilwelt keinen Unterschied mehr zwischen Saison und Nicht-Saison.

Allerdings haben diese Versuche einer »Synchronisierung des Daseins«, die alle möglichen Weltereignisse zu jeder Zeit und überall gegenwärtig machen wollen, für den Menschen, der damit lebt, auch ihren Preis. Wo jederzeit und überall unendlich viel möglich und verfügbar ist, wird jede Entscheidung für eine Möglichkeit zur teuren Absage an eine andere. Jeder Zugriff erweist sich als Mißgriff, da jeder Entscheidung *für* etwas die tausendfache Absage *gegen* etwas anderes gegenübersteht. Kein Mensch hat soviel Urlaubstage, wie es Urlaubsziele in der Welt gibt. Da hilft es nichts, genügend Geld zu haben, um überallhin reisen zu können. Da helfen letztlich auch keine Zeitspartechniken oder Zeitvermehrungsversuche. Wer Zeit als »Menge« begreift, die ausgenutzt und ausgebeutet werden kann, übersieht, daß nicht die Zeit quantifizierbar ist, sondern nur das, was »in« ihr ist. Und wo in Beschleunigungen investiert wird, ohne daß klar ist, welchem Ziel man sich nähern will, dort fehlen der Zeit Maß und Sinn.

Der französische Kulturkritiker Paul Virilio erblickt in der Beschleunigungsgesellschaft einen »rasenden Stillstand«. Sie gleicht einem Wasserwirbel in einem Flußlauf. Wer einmal ein Stück Papier oder Gras in einen solchen Strudel geworfen hat, konnte beobachten: Hier herrscht eine enorme Umlaufgeschwindigkeit, aber es kommt zu keinem Raumgewinn. Alles dreht sich, aber es geht nicht vorwärts. Durch Beschleunigung allein läßt sich kein »mehr« an Zeit gewinnen.

Aus dem »rasenden Stillstand« beschleunigter Modernisierungen ist nur herauszufinden, wenn es Zeiten und Räume gibt, in denen es wieder möglich wird, auf andere Weise Zeit zu gewinnen. Es ist keineswegs so, daß die Befristung menschlicher Lebenszeit uns nur zur Beschleunigung zwingt. Sie zwingt uns auch zu Verlangsamungen und Unterbrechungen. Wenn unser Leben befristet ist, dann können wir gar nicht alles Mögliche erreichen. Uns fehlt einfach die Zeit dazu. Der Wettlauf mit dem Tod ist nicht zu gewinnen – auch nicht mit dem Trick, die Erlebnisdichte pro Zeiteinheit zu erhöhen, um in einem Durchschnittsleben das Pensum von zwei oder drei Existenzen zu schaffen. Es hilft auch nicht, in die Endlosspirale der Reinkarnationen einzutreten. Die Bilanz wird immer so ausfallen, daß die verpaßten Gelegenheiten im Vergleich zu den genutzten in der Überzahl sind. Daher zwingt uns die Zeit dazu, nicht alles Mögliche zu wollen, sondern nur Einiges. Wir müssen entscheiden und wählen.

Von dem, was wir für uns auswählen, haben wir ohnehin nur etwas, wenn wir für eine gewisse Zeit dabei verweilen. Solche Verweilzeiten nehmen das Tempo aus der Zeit, sie sorgen für Genauigkeit und stellen Vertrautheit her. Die Kunst, Zeit und Freiheit zu gewinnen, besteht darin, in der Zeit die Zeit gegen die Zeit zu richten. Denn Beschleunigungen sind nur möglich und auszuhalten, wenn es Widerlager und Widerständiges für Antriebs- und Fliehkräfte gibt. Dem dienen »Auszeiten«, in denen die Zeit frei bleibt von ökonomischer Ausbeutung und funktionaler Verzweckung. Solche »Auszeiten« sind Ressourcen von Sinn und Freiheit. Sie zu entdecken und auf regenerativem Niveau zu halten, ist Anliegen einer »Ökologie« der Zeit. Zur Ökologie der Zeit gehören Zeitbrachen, unbewirtschaftete Zeit, eine zweite Zeitrechnung der Fest- und Feiertage neben dem Kalendarium der »Werktage«. Der Mensch untergräbt seine natürlichen Lebens- und Freiheitsbedingungen – wozu auch die Zeit gehört –, wenn er versucht, das Letzte aus ihnen herauszuholen.

Das Verweilen – mag es sich als ästhetisches Anschauen oder als religiöse Kontemplation vollziehen – ist eine Möglichkeit des »Zeitgewinns«, bei der wir nicht mehr mit dem Vergehen der Zeit im Gleichschritt marschieren. Die Voraussetzung hierfür ist, sich auf den Erhalt von »Zeitbrachen« und »Freizeiten« zu verständigen, sie zu entdecken und zu bewahren. Für zeitökologische Plädoyers sind gegenwärtig die Erfolgschancen jedoch ebenso gering wie für kirchliche Kampagnen gegen die Erosion des arbeitsfreien Sonntags. Wenn sich ökonomische Verteilungskämpfe verschärfen und der Sog des Verdrängungswettbewerbs vom produzierenden Gewerbe nun auch auf den Handels- und Dienstleistungssektor übergreift, gilt nur noch die Gleichung »Zeit ist Geld«. Unbewirtschaftete Zeit ist dann vertane, verlorene, tote Zeit. Umsatz-, Einkommens- und Konsumverluste aber rangieren weit oben auf der Liste der Dinge, die man sich in Zeiten mit prekärer Kassenlage nicht mehr leisten mag...

Im Gegenteil: Von allen Seiten wird noch ein Mehr an Deregulierung und Flexibilisierung verlangt. Denn im Zeitalter der Beschleunigung wird das Gute immer schneller immer besser. Die Erfahrung zeigt aber auch: Das Schlechte fängt dort an, wo des Guten zuviel getan wird. Hat das Schlechte einmal seinen Ausgang vom Guten genommen, wird es in der Beschleunigungsgesellschaft auch immer schneller immer schlechter. Der Raubbau an den Zeitbiotopen einer Gesellschaft läßt soziale Systeme umkippen, wenn sich diese zur permanent aktiven 24-Stunden-Gesellschaft entwickeln. Auch für die Nutzung der Zeit gibt es Grenzen des Wachstums. Das individuelle und soziale Leben braucht zeitliche Gliederungspunkte gegen die Überforderung durch endlos anschlußfähige und daher unüberschaubare Handlungsketten. Es braucht zur Orientierung die gesellschaftlich verbürgte Chance des Innehaltens und den gesicherten Freiraum einer allgemeinen befristeten Freistellung von Erwerbsarbeit, was strukturell ein Innehalten erst ermöglicht. Dies ist auch die Bedingung eigenständiger Zeitgestaltung. Vor allen individuellen Fähigkeiten setzt sie die gesellschaftlich vermittelte Sicherheit voraus, daß es auf Dauer und rhythmisch wiederkehrend überhaupt verläßliche Zeiträume selbst zu gestalten und gemeinsam mit anderen Menschen zu verbringen gibt.

Allerdings finden solche Argumente angesichts neolibe-

raler Tendenzen in Wirtschaft und Politik kaum Gehör. Hier will man nicht wahrhaben, daß sich die Ausbeutung der Zeit plötzlich gesellschaftlich und kulturell nicht mehr »rechnen« könnte. Stattdessen wird suggeriert, daß die Aufhebung des Ladenschlußgesetzes, die Ausdehnung sogenannter »Bedürfnisgewerbeordnungen« im Beratungs- und Dienstleistungssektor und die Vermehrung »verkaufsoffener« Sonntage mit einer gesteigerten Zeitsouveränität der Kunden einhergehen. Wer einkaufen kann, wo und wann es ihm und ihr gerade paßt, hat den weniger mobilen Zeitgenossen natürlich etliche Freiheitsgrade voraus. Die Frage ist aber, auf welchem Niveau dieser Freiheitsgewinn angesiedelt ist. Wer aus ökonomischen Gründen für die völlige Schleifung kollektiver Freizeiten ist, sie nicht für eine kulturelle Errungenschaft, sondern für eine Fessel individueller Freiheit hält, verkennt den Beitrag sozialer »Auszeiten« zur Sicherung der Qualität des Lebens. Er gleicht den Besuchern eines Fußballstadions, die sich von ihren Sitzplätzen erheben und das Spiel unbehindert von den vor ihnen sitzenden Personen beobachten wollen. Wenn ihr Beispiel Schule macht, werden im Laufe der Zeit alle übrigen auch diesen Vorteil haben wollen. Dies führt keineswegs dazu, daß am Ende alle »mehr vom Spiel« haben. Im Gegenteil: Aus Sitzplätzen sind Stehplätze geworden und buchstäblich stehen sich alle schlechter als zuvor.
Vielleicht braucht es gar nicht viel Phantasie, um zu anderen, sozialverträglicheren Zuordnungen von Mobilität und Modernität zu kommen. Fortschritt kann sich auch dann einstellen, wenn Beschleunigungen mit Verlangsamungen gekoppelt werden. Von Fahrzeugingenieuren ist zu lernen, daß man um so stärkere Bremsen braucht, je höher die mögliche Geschwindigkeit eines Fahrzeugs ist. Es klingt paradox, aber es stimmt: Wer schnell fahren will, braucht gute Bremsen. Die Ingenieure der Moderne haben jedoch bei der Konstruktion beschleunigter Modernisierungen keine entsprechenden Bremsvorrichtungen vorgesehen. Man schien sie nicht zu benötigen, solange feststand, daß der Fortschritt der Moderne eine

Geradeausfahrt sein würde. Die Krisen der Moderne haben aber längst die Notwendigkeit von Ausweichmanövern und Kurskorrekturen erwiesen. Plötzliche Richtungswechsel, die ungebremst erfolgen, steigern jedoch die Unfallwahrscheinlichkeit. Der »Elchtest« beweist es.

Technologien, die mit hohen Gefahrenpotentialen versehen sind, müssen aus Sicherheitsgründen ihre Vorgänge »umkehrbar« halten. Es reicht nicht aus, »Vorwärtsprozesse« zu optimieren; sie brauchen ebenso die Möglichkeit der »Rückwärtskorrektur«, wenn Situationen auftreten, die ganz anders ausfallen, als zuvor erwartet wurde. Es ist daher durchaus »fortschrittlich«, Vorkehrungen zu treffen, daß der Lauf der Dinge angehalten werden kann. Es empfiehlt sich, regelmäßig an- und innezuhalten und sich der eigenen Fahrtauglichkeit zu vergewissern.

Solche »Ruhezeiten« wären verkannt, wenn sie lediglich dem Auftanken von Kräften dienen würden, die eine Hochgeschwindigkeitskultur auf Touren halten können. In diesem Fall wären Verlangsamung und Unterbrechung in Wahrheit Bestandteile einer Strategie zur Verstetigung prekärer Beschleunigungsprozesse. Diese Strategie praktiziert zum Beispiel die New Yorker Börse: Stürzt der Dow Jones um 350 Punkte, wird der Börsenverkehr eine halbe Stunde angehalten. Bei 550 Minuspunkten pausiert der Handel 60 Minuten oder es gibt einen totalen Stop. Es ist die Pause, die ein enorm beschleunigtes System funktionsfähig erhält. Zum Zwecke der Geschäftemacherei hören alle Beteiligten für gewisse Zeit mit dem Geschäftemachen auf.

Es gibt jedoch auch die andere Möglichkeit des Zur-Ruhe-Kommens, ein anderes Ende jeder Geschäftigkeit. Diese andere Form der Unterbrechung ist kein Mittel zum Erreichen ökonomischer Zwecke. Sie hat ihren Zweck in sich selbst. Sie dient der Besinnung auf den Sinn aller Zwecke. Um sich des Sinns aller Zwecke bewußt zu werden, bedarf es der radikaleren Unterbrechung, des Sein-Lassens der Alltagsgeschäfte. Allerdings wird diese Radikalität nur selten in Anspruch genom-

men. Die wenigen säkularen Feiertage, die sich eine moderne Gesellschaft gönnt, werden in der Regel als Einladung begrüßt, sich vom Ernsten, Offiziellen und Verbindlichen zu distanzieren und ungehindert dem nachzugehen, was subjektiv Vergnügen bereitet. Sie dienen der Zerstreuung, nicht der Konzentration.
Religiöse Fest- und Feiertage sind von diesem Umstand noch dramatischer betroffen, zumal von ihnen eine besondere Zeitansage ausgeht, die auf den ersten Blick nur den Anhängern dieser Religion etwas bedeutet.
Ihre Besonderheit besteht darin, daß sie das Vergängliche, das in die Zeit Kommende und mit der Zeit Vergehende auf sein Bleibendes freigeben wollen. Dazu verlangen sie, daß der Mensch etwas sein-lassen kann, auf ein Machen und Weiter-Machen verzichtet. Damit scheint der Konflikt mit der Non-stop-Gesellschaft vorprogrammiert. Das Aufhören ist aber keineswegs der Widerpart jeder Handlung, die etwas hervorbringen will, sondern deren Vollendung. Zur Kreativität des Hervorbringens gehört es nämlich, zum richtigen Zeitpunkt nichts mehr zu tun. Jeder Künstler, Schriftsteller, Maler oder Komponist weiß darum, daß ab einem bestimmten Moment jegliche Fortsetzung seiner Tätigkeit nur zu einer »Verschlimmbesserung« des Kunstwerkes führt. Irgendwann ist es nötig, den letzten Pinselstrich zu ziehen, den letzten Akkord anzuschlagen und einen Schlußpunkt zu setzen. Das rechtzeitige Aufhören ist eine Sinnbedingung für ein gutes Ende. Das Aufhören des Hervorbringens führt hier zum Eigen- und Selbstsein des Hervorgebrachten. Man läßt etwas sein, es wird losgelassen, freigelassen. Erst in dieser Freiheit kommt das Freigelassene zu sich selbst. Im Nichttun läßt man sich und dem Getanen Zeit. Man läßt es gut sein. Auf diese Weise ist das Ende nicht Abbruch oder Zerstörung, sondern wohltuende Verhinderung eines ewigen »weiter so«. Die Vollendung des Tuns ist somit das Gelassen-Sein, in dem das Dasein und die Zeit ihre »Bleibe« haben. Ein solches Verhältnis zum Aufhören ist kreativ.
Das Aufhören kommt ebenso dem Neu-Anfangen zu-

gute. Allerdings sollte zuweilen zwischen Ende und Anfang auch eine größere Pause liegen. Es ist wichtig, von Zeit zu Zeit das »Neustarten« von Dingen und Ereignissen zu unterbrechen und nichts zu tun. In diesem Nicht(s)tun ist es dann möglich, sich des Sinnes vom Anfangen und Aufhören zu vergewissern. Religiöse »Auszeiten« stellen die Frage, was es heißt, am Leben zu sein, wenn abgesehen wird von dem, was uns stets etwas Bestimmtes tun oder sein läßt. Religiöse »Auszeiten« stehen abseits von allen wirtschaftlichen Kosten/Nutzen-Erwägungen. Ökonomisch gesehen rechnen sie sich nicht. Statt dessen erfragen, erschließen und repräsentieren sie das Unverrechenbare. Sie sind »Leerstelle« für das, was den Sinn aller Funktionalität ausmacht; sie halten die Zeit offen für das, was keine ökonomischen und technischen Äquivalente hat. In den vom Verweilen geprägten »Auszeiten« können sich der Mensch und die Welt begegnen, als ob es aus sei mit der Zeit. Die Zeit ist aus, und doch ist alles da.

BERNARDIN SCHELLENBERGER

Fitness

Mein dreiviertelstündiges Fitness-Programm im Studio, zwei-, dreimal die Woche, besteht darin, daß ich nach einem genau ausgetüftelten System an zwölf Geräten die unterschiedlichen Arm-, Bein-, Rücken-, Bauch-, Nacken- und Brustmuskeln bis zur Erschöpfung durch das Heben oder Drücken von Gewichten betätige. Da ich Mitglied der schreibenden Zunft bin und beruflich fast ständig im Sitzen arbeite, habe ich mich auf diese regelmäßigen rituellen Kraftakte vor anderthalb Jahren eingelassen, weil mich das Versprechen gelockt hat: »Ein starker Rücken kennt keine Schmerzen.« Ich stemme inzwischen aus der Haltung eines zusammengeklappten Taschenmessers mit meinen Rückenmuskeln ein 182-Pfund-Gewicht zehnmal hintereinander ohne zwischenzeitliche Entspannung schräg hoch. Mit den Bauchmuskeln drücke ich jetzt immerhin schon 98 Pfund nieder. Dabei bin ich jeweils so in ein Gerät eingespannt, daß nur die zu übenden Muskeln beansprucht werden können. Das Versprechen ist eingelöst: mein starker Rücken hatte tatsächlich seither nie mehr Schmerzen. Weil ich auf ähnliche Weise zehn weitere wichtige Körperpartien trainiere, fühle ich mich körperlich fit. Mein Körpertonus ist spürbar angenehm, ich fühle mich straff und elastisch. Ein dynamisches Körpergefühl wirkt sich deutlich auf das Lebens- und Selbstwertgefühl aus, was besonders hilfreich ist, wenn man gerade Anlaß zu einiger Niedergeschlagenheit hat. Ein starker Rücken nimmt zwar nicht alle seelischen Schmerzen, hilft aber auch, sie besser zu tragen.

Das Trainieren im Fitness-Studio ist grundsätzlich ein solitäres Unternehmen. Das empfinde ich besonders stark, weil ich mir eine Einrichtung der nüchterneren Art gewählt habe. Darin wird auf Berieselung mit Musik und

auf Möglichkeiten zum geselligen Beisammensein vor und nach dem Training verzichtet. Das ist ohnehin nur Beiwerk. Aus Neugier und zum Vergleich habe ich an Tagen der offenen Tür auch trendigere Fitness-Landschaften besucht. Da dudelt ständig Musik, am Rand ist eine – meist dünn besetzte – Bar eingerichtet, alles ist bunter bemalt. Aber auch da sind beim eigentlichen Training in der Halle die Menschen über die zahllosen Geräte verteilt, und jede und jeder ist konzentriert und schweigend mit sich selbst beschäftigt, achtet auf den Körper, zählt die Bewegungen. Wenn ich in mein eigenes Zentrum zu Zeiten komme, in denen nicht viele Übende da sind und das Personal nicht gerade Neulinge einweist, liegt eine geradezu meditative Atmosphäre über dem Raum. Die Leute verhalten sich als Einzelgänger; sie suchen hier nicht Geselligkeit, sondern wollen ihren Körper trainieren. Wer ernsthaft Fitness-Übungen machen will, muß zusehen, daß er die – nicht wenige – Zeit dafür findet, und hat selten zusätzlich noch Zeit für jenes muntere erotische Treiben, das die Prospekte vorgaukeln. Außerdem stellt sich unverzüglich heraus, daß die jungen sexy Gestalten, mit denen Fitness-Zentren werben, für die dort tatsächlich Aktiven – darunter viele mittleren, etliche vorgerückten Alters – so repräsentativ sind wie die Models im Otto-Katalog für den Durchschnitt der Bevölkerung. In meinem Zentrum treffe ich Frauen und Männer zwischen siebzehn und siebzig in allen Altersstufen an, in allen möglichen Turnkleidungen. Vermutlich schrecken die Werbung und das Klima in manchen Trend-Studios viele ab, aus Angst, dafür nicht schön genug zu sein. Laut Werbung müßte es sich ja um Clubs von lauter optimal body-gebuildeten und body-gestylten Typen handeln. Diese Masse schöner Menschen für landesweit derzeit knapp 6000 Fitness-Studios gibt es einfach nicht. Aber zurück zum meditativen Aspekt.
In den Anleitungen zur Achtsamkeits-Meditation aus der buddhistischen Tradition wird der zerstreute Mensch angewiesen, zunächst tief und ruhig zu atmen und sich dann ganz auf seinen Körper zu konzentrieren. Indem

man seine Aufmerksamkeit bewußt auf seine Körperempfindungen richtet: auf den Herzschlag, auf Druck- und prickelnde Gefühle, und wenn man dann versucht, darin ganz gegenwärtig zu sein, verblaßt langsam der Film ständiger Erinnerungen und Sorgen. Die Psyche entspannt sich. Das tut wohl. Eine langsame, rhythmische Körperbewegung kann dieses Zur-Ruhe-Kommen noch fördern.

Genau das geschieht auch bei der Fitness-Übung im Studio. Ihr meditativer Charakter ist eindeutig. Ich vermute, die derzeit rasant um sich greifende Fitnessbewegung nimmt in bestimmten ihrer Spielarten geradezu die Form einer Art von neuer Ersatzreligion an.

Diese Aussage ist bewußt auf bestimmte Spielarten eingeschränkt, denn in der Fitness-Szene herrscht ein buntes Treiben, das auf keinen einfachen Nenner zu bringen ist. Die Stuttgarter Ausgabe des Stadtmagazins »Prinz« veröffentlichte im Februar 2000 die Ergebnisse eines Tests der Fitness-Zentren im Großraum Stuttgart. Sie teilte sie dazu grob in drei Typen ein: erstens die harte Tour, also mit sehr anstrengendem Ausdauertraining; zweitens Fitness medium, mit eher spielerischer Forderung des Körpers; und drittens Fitness light, die Wellness und Gesundheit im Schongang anbietet. Als besondere Prädikate vergab »Prinz« jeweils einen sogenannten »Wellness-Tipp« an Studios, die perfekt für sanfte Fitness und Entspannung eingerichtet sind und wo ein großer Pool selbstverständlich ist; einen »Atmo-Tipp« für Studios, wo besonderer Wert auf nette Atmosphäre und gutes Publikum gelegt wird; einen »Mucki-Tipp« für Einrichtungen mit perfektem Gerätepark und besonders effektivem Muskeltraining; sowie einen »Flirt-Tipp« für Studios »mit einem hohen Flirtfaktor«, wo man leicht nette Singles kennenlernen könne. Fitness-Studios werden also mit ziemlich unterschiedlichen Absichten aufgesucht.

Aber bezeichnenderweise verzeichnet »Prinz« als neuesten Trend »die sanfte Unterwanderung der Kundschaft mit transzendentaler Fitness«. Sie sei vor allem »an fernöstlichen Wohlfühl-Rezepten orientiert... Yoga in allen Spielarten, Atemübungen, Meditation, Feldenkrais, Farbberatung, Heilfasten... Das Ganze im Feng-Shui-tauglichen Ambiente. Kein Firlefanz, keine lauten Töne – der Gast steigt aus den Business-Klamotten und läßt sich fallen.« Vermerkt wird bei Liebhabern dieser Richtung das höhere Alter (»keiner ist jünger als 35, die Leute haben große Erfahrung«). »Prinz« bringt es auf die gut neudeutsche Formel: »Bodybuilding ist out, jetzt kommt Body & Mind.«

Die Wechselwirkung von Körper und Geist wird also immer gezielter eingesetzt. Aber nicht erst in »transzendental« orientierten Fitness-Studios werden intensive psychische – heute nennt man sie »spirituelle« – Erfahrungen gemacht. Solche sind seit längerem von bestimmten Sport- und Trainingsarten her bekannt. Über das Laufen zum Beispiel schreibt Herbert Jost in seinem 1992 erschienenen Buch: »Sehr oft berichten Läufer von einem veränderten Bewußtseins- und Wahrnehmungszustand, der bei Läufen ab einer gewissen Intensität und Dauer, oft nach dem toten Punkt, eintritt. Charakteristisch dafür ist, daß von der Umwelt nichts mehr bewußt wahrgenommen und der Laufvorgang vollkommen automatisch und unbewußt gesteuert wird. Das Alltagsbewußtsein ist ausgeblendet, und der Läufer befindet sich in einer fernen Gedanken- und Erlebniswelt – oft mit intensiv erlebten Tagträumen –, in einem Zustand der Selbstvergessenheit, der Versunkenheit und einer Art Trance, die als angenehm, bezaubernd und beglückend erlebt wird. Häufig wird – mit einer esoterischen oder religiösen Färbung – auch von mystischem bzw. ekstatischem Bewußtseinszustand und absoluter Verschmelzung und Harmonie mit der Schöpfung gesprochen. Eine ausgeprägte Euphorie, verbunden mit dem Gefühl überschäumender Kraft und traumhaft sicheren Handelns, kann diese Zustände begleiten, die man als ›runner's high‹ bezeichnet.«

Man vermutet, daß die Ursache dieses Phänomens opiumähnliche Substanzen seien, die der Körper selbst her-

stellt, namentlich Beta-Endorphine und Enkephaline, die während bestimmter Phasen des Laufens im Gehirn an entsprechenden Rezeptoren wirksam werden.
Vor 35 Jahren habe ich in der damals noch existierenden extremsten Form des katholischen Mönchslebens analoge Auswirkungen erlebt, nicht durch sportliche Betätigung, sondern durch eine übersteigerte Askese: Mangelernährung (zum Beispiel kaum Eiweiße), zu knapper Schlaf, harte körperliche Arbeit (zum Beispiel Waldarbeit), stundenlange tägliche, vorwiegend gesungene Gebetszeiten, ständiges Schweigen, kahle Räume. Der interessante Unterschied ist, daß die dadurch verursachten intensiven Erfahrungen nicht bewußt gesucht wurden. Die körperliche Askese war religiös motiviert, mit Idealen der Nachfolge Christi, der Buße, des Opfers für andere usw. Außerdem hatte die Askese einen leibfeindlichen Zug. Gelegentlich wurde ein Wüstenvater aus dem 6. Jahrhundert mit seinem Spruch zitiert: »Je mehr der Körper schrumpft, desto stärker wird die Seele.« Der Wüstenvater hatte auf seine Weise durchaus recht. Aldous Huxley wies das schon vor Jahrzehnten in seinem Klassiker »Himmel und Hölle: Die Pforten der Wahrnehmung« nach. Er erläuterte die chemischen Auswirkungen dieser Art Askese auf Körper und Gehirn. Die sogenannte »Abtötung des Leibes« könne, so Huxley, »eine Pforte in eine transzendentale Welt des Seins, der Erkenntnis und der Seligkeit öffnen«, wobei im Körper größere Mengen von Adrenalin und Histamin im Spiel seien. Heutzutage, so meinte Huxley, könne man die Askese durch gezielten Einsatz von Drogen ersetzen. Drogen hat man in den Klöstern nicht eingeführt, aber dennoch die Askese fast aufgegeben und damit auch die durch sie bedingten Bewußtseinszustände verloren. Der Preis war zu hoch, ja fragwürdig.
Bedenkt man es genauer, finden hier bemerkenswerte gegenläufige, ja paradoxe Bewegungen statt. Ohne explizite religiöse Motivation kehren in der Fitness-Bewegung bestimmte Formen der Askese samt den damit verbundenen Erfahrungen wieder, allerdings mit einer totalen

Kehrtwendung: weg von der traditionellen Leibfeindlichkeit hin zur Freude am eigenen Körper. In einer Annonce für ein Fitness-Center hieß es: »Wann haben Sie sich das letzte Mal ganz Ihrem Traumkörper gewidmet?« Die aufsehenerregende und umstrittene Ausstellung »Körperwelten« hat nicht wenig dazu beigetragen, den Sinn für die Schönheit des menschlichen Körpers zu wecken. Benno Fürmann, der Hauptdarsteller des Horrorthrillers »Anatomie«, äußerte dazu in einem Interview: »Der Körper ist ein ästhetisches Wunderwerk. Schönheit für die Ewigkeit zu erhalten ist legitim.« Abgesehen davon, daß Fürmann Ewigkeit mit endloser Weiterdauer verwechselte, in deren Verlauf auch das schönste Wunderwerk irgendwann trostlos verstaubt, führt das zur nachdenkenswerten Frage: Wie geht mit solchen Äußerungen ein Christentum um, in dessen Zentrum der Glaube von der »Inkarnation«, der (wörtlich:) »Fleischwerdung« Gottes steht? Im 8. Jahrhundert schrieb der Theologe Johannes von Damaskus: »Der fleischgewordene Gott hat das Fleisch vergöttlicht.« Und der Kirchenvater Irenäus brachte seine Überzeugung auf die Formel: »Caro cardo salutis« – »Das Fleisch ist der Angelpunkt des Heils.«

Wenn jetzt die Devise heißt: »Glück aus dem Körper« oder wenn »der Körper als Himmel« erkundet wird, scheint der Satz im Credo der Christen: »Ich glaube an die Auferstehung des Fleisches«, mit dem nur noch wenige etwas anfangen können, auf merkwürdige und ganz andere Weise wieder aktuell zu werden. Die stumm und aufmerksam auf ihren Körper achtenden Trainierer an ihren Geräten und alle die Jogger und Läufer und Aerobiker und Sportler spüren aus ihrem Körper heraus eine wohltuende, befreiende Erfahrung, pflegen also eine neue, leibhaftige Form der Innerlichkeit.

Ich bin im Klima der Suche nach alternativen Lebensformen und nach Bewußtseinserweiterung mittels Drogen aufgewachsen; dann setzten die leidenschaftlichen Bemühungen um soziale und kulturelle Veränderungen ein, schließlich die Friedens- und Ökologiebewegung sowie Versuche mit neuen Formen der Partnerschaft. Das wirkt heute wie Schnee von gestern oder vorgestern. Heute scheinen viele Menschen die Hoffnung auf nachhaltige äußere Veränderungen aufgegeben zu haben. Sie konzentrieren sich nach innen, suchen Sinn und Glück jedoch nicht in der Seele, sondern im eigenen Körper. Er wird vorteilhaft verändert und trainiert, nicht nur, um »fit for fun«, fit für »Spaß« zu sein, sondern auch für sogenannte »spirituelle Erfahrungen«. So scheint das Engagement auf politischem, ökologischem und sozialem Gebiet zu verblassen gegenüber dem Bemühen um persönliche Werte wie Erfahrung, Erlebnis, Entspannung, Freiheit und Wohlfühlen; die Leitfigur ist der sich selbst modellierende und inszenierende Single.

Wie gesagt, bemerkenswert gegenläufige, paradoxe Bewegungen finden hier statt. Die von Fernost angeregte Körpermeditation wird jetzt zur Bestätigung und zum Genießen des eigenen Körpers in »Wellness«-Erfahrungen eingesetzt, während sie im hinduistischen Yoga und im Buddhismus dazu verwendet wurde, sich der Vergänglichkeit des Körpers bewußt zu werden. In einer Darstellung der ursprünglichen Meditation, die der Buddha selbst lehrte, heißt es, die Körpermeditation eigne sich besonders gut dazu, »einer überstarken Anhänglichkeit an körperliches Aussehen und sinnliche Freuden entgegenzuwirken, denn sie lenkt die Aufmerksamkeit auf die eindrucksvollsten Aspekte des hinfälligen und oft sogar widerlichen Charakters der körperlichen Prozesse und Funktionen.« Der Buddha empfahl, sich zum Meditieren gelegentlich auf ein Leichenfeld oder vor verwesende Leichenteile zu setzen. In seinem Erleuchtungserlebnis erkannte er, daß es sein Ich gar nicht gebe, und erlangte so die Befreiung von allem Leiden; er würde nicht schlecht staunen, zu erfahren, wie viele Menschen sich heute von seiner Tradition dazu inspiriert fühlen, ihr angeschlagenes Ich zu kultivieren und wohltuend zu spüren. Das Ziel der traditionellen Meditationsformen ist, sich in eine Haltung absoluter Gewärtigkeit und des vollkommenen Da-seins im jeweiligen Augenblick einzuüben, die Zeit zu transzendieren und »Ewigkeit im Augenblick« zu erfahren. Dem kommt jetzt zum Verwechseln der Trend nahe, hier und heute ein Maximum an »Spaß« zu haben und alle Sorgen um Vergangenheit und Zukunft loszuwerden. Herrschte in den klassischen spirituellen Traditionen die regressive Tendenz vor, aus der Vielheit in eine abstrakte, körperlose Ursprungs-Einheit, in den Ur-Mutterschoß zurückzukehren, so lockt heute eher das Aufgehen und Sich-Vergessen nach vorne, in die vereinzelte, ausmodellierte Leibhaftigkeit hinein.

Der Körper, das Medium der Fitness-Bewegung, wird noch nicht allzu lange auf breiter Front systematisch trainiert. Erst im 19. Jahrhundert kam die Idee unters Volk, man könne, ja müsse ihn methodisch gesund erhalten und ertüchtigen. Bei Turnvater Jahn in Deutschland spielte der Gedanke mit, fitte Soldaten heranzuziehen. Später wurde es wichtig, in Sportvereinen die Industriearbeiter fit zu halten. Scheinbar paradoxerweise kümmern sich aber jetzt, wo an immer weniger Arbeitsplätzen noch starke und ausdauernde Körper gebraucht werden, die Menschen erst recht um ihre Fitness. Es wird ein Stück weit ein gesunder Instinkt sein, wenn der Mensch, als Körperwesen, das er ist, spontan seinen Körper neu und anders zu betätigen sucht, seit ihm mittels der modernen Kommunikationsmittel nicht nur die Fahrt ins Geschäft und zu Konferenzen, sondern auch noch die kurzen Gänge zur Bank, zum Briefkasten und in den Supermarkt wegrationalisiert werden.

Und es stimmt ja, daß die körperliche Verfassung spürbar zur Wahrnehmung der Wirklichkeit beiträgt und der Mensch nicht nur mit dem Kopf denkt, empfindet und reagiert, sondern mit seinem ganzen Körper; daß sein Selbstwertgefühl und seine Stellung in der Welt sich auch über seinen Körper äußern. Gemessen am heutigen Schönheitsideal durchtrainierter Frauenkörper wirken zum Beispiel die Körper antiker Frauenstatuen oder die Venus des Botticelli geradezu langweilig schwammig. Das führt anschaulich ein Stück wirklich errungener Emanzipation und Selbstverwirklichung der Frauen vor Augen.

Doch die Lage ist komplizierter und wiederum paradoxer: Wird einerseits der Körper seltener für die Arbeit und Fortbewegung gebraucht, so spielt er in der modernen Dienstleistungsgesellschaft eine immer wichtigere Rolle. Jetzt ist es nicht mehr seine Stärke, die zählt, sondern sein Aussehen, seine Attraktivität. Hostessen, Verkäuferinnen und Verkäufer, Beraterinnen und Berater, Sprecher und Talkgäste im Fernsehen sollen schön aussehen. Wer schöner ist, hat mehr Chancen auf dem Arbeitsmarkt. Unsere ganze Welt wird zunehmend nach Kriterien der Schönheit – natürlich vorzugsweise jugendlicher Schönheit – bemessen. Inhalte werden gegenüber der Form unwichtiger. Moderne Trendzeitschriften enthalten eine Fülle ästhetisch hervorragender Bilder und Fotos und immer weniger Textsubstanz. Damit ist auch für die Leserschaft »body-shaping« im Fitness-Studio angesagt: Weh dem, weh der, die nichts an sich tun. Das Lächeln unzähliger junger fitter Gestalten aus allen Medien überstrahlt einen gnadenlosen Wettlauf, bei dem die Häßlichen und Unfitten auf der Strecke bleiben und zusehen müssen, wie sie ihre Minderwertigkeitsgefühle bewältigen. Ein neues Fitness-Center für Frauen warb unlängst mit dem Slogan: »Glauben Sie etwa, Ihr Mann findet Sie wegen Ihres Charakters attraktiv?«
Damit verlagert sich das Bewußtsein auf die Form, die Hülle. Definierten bis vor kurzem vorwiegend Beruf und Einkommen das Selbstbewußtsein und die soziale Stellung eines Menschen, so übernehmen diese Funktion zunehmend mehr das Aussehen und der »lifestyle«. Angesehen ist vor allem der schöne Mensch, der im Freizeitbereich über ein breites Spektrum befriedigender Möglichkeiten verfügt. Mit »Befriedigung« ist dabei vorwiegend die Steigerung des persönlichen Erlebens gemeint, das wiederum betont sinnlicher, körperhafter Natur ist.
So führt die neue Innerlichkeit paradoxerweise zu einer extremen Äußerlichkeit. In einer zunehmend auf Ästhetik, also auf Form und Schönheit fixierten Kultur nimmt die Selbstdarstellung mittels des eigenen äußeren Aus-

sehens einen ungemein hohen Stellenwert ein. Zu den prominentesten und allgemein bekanntesten Persönlichkeiten gehören heute die globalen Top-Models, die nichts bemerkenswert anderes vorzustellen haben als ihren idealen Körper. Es sind weithin merkwürdig androgyne Wesen von starker erotischer Ausstrahlung, die jedoch zugleich asexuell und zölibatär zu sein scheinen. Models und tabledancer sind nicht zum Anfassen, sondern nur zum Anschauen. Treffend legte sich ein Topmodel den Namen »Laetitia Casta« zu, »die keusche Freude«. Eine eigenartige Kunst der Kontemplation, der »Beschauung« wird da kultiviert. Sie hat längst weitere Kreise als die der professionellen Models erfaßt. Ist es ein Symptom für die heutige Freude an der körperlichen Selbstinszenierung, daß sich bei Sat 1 für seine Filmserie »Die rote Meile« spontan zehntausend Frauen für einen kurzen Fernsehauftritt als Stripperin beworben haben sollen?
Fitness-Bodys sind tendenziell Bodys von Singles, denen der Zauber des Berührtwerdenkönnens abgeht; sie wollen vorwiegend angeschaut werden. In all dem Schönen steckt jedoch vielleicht etliches Traurige. Denn es ist schwer vorstellbar, wie ein Mensch, der unablässig auf sein Aussehen, seine Ausstrahlung und seine Wirkung auf andere bedacht sein muß – also in ständiger angestrengter Selbstreflexion begriffen ist – sich in der Begegnung mit einem anderen Menschen völlig loslassen und vergessen könnte. Wer zwanghaft in jeder spiegelnden Fläche sein Aussehen checken muß, taugt schlecht zum Selbstvergessen in der Ekstase. So ist die Kehrseite dieser Freude an Oberflächen, daß intensive Begegnungen seltener, Partnerschaften immer kurzlebiger werden. Jede, jeder bleibt hoffnungslos in sich selbst befangen. Wenn Menschen nur noch hastig Signale austauschen oder nur oberflächliche Züge der eigenen Persönlichkeit zeigen oder wahrnehmen können, muß in diese Signale und oberflächlichen Züge ein Maximum investiert werden, um darin kurz ein Maximum erleben zu können: Auf einem freien Sexmarkt kommt alles darauf an, Jugendlichkeit und Schönheit zu bieten und im Austausch dafür ge-

boten zu bekommen, und dabei müssen die Karten, sprich Partner, ständig neu gemischt werden, weil jede Beziehung schnell langweilig wird.
Krisen, Streß, Enttäuschungen in Partnerschaften werfen das Ich wiederum neu auf sich selbst zurück. Es wird kein Zufall sein, daß in der esoterischen und spirituellen Szene der traditionelle jüdisch-christliche Glaube mit seiner Vorstellung eines persönlichen Gottes wenig gefragt ist. Strapaziert von stressigen Beziehungen, wollen sich die Menschen anscheinend nicht den zusätzlichen Stress einer Gottes-Beziehung antun. Sie brauchen etwas Erholsames, Entspannendes; einen Grund, in den man sich immer versenken kann, meditative Techniken, die immer funktionieren, spirituelle Erfahrungen, die trösten, Körpererfahrungen, die gut tun – Wellness, Fitness. Die wenigsten, die regelmäßig ins Fitness-Studio gehen, werden das sehr bewußt suchen. Es gibt auch die vielen, die systematisch etwas für ihre Gesundheit tun wollen und dabei eine Ertüchtigung von Körper und Psyche erfahren. Aber dennoch sind die Anzeichen dafür unverkennbar, daß sich die heutige Fitness-Bewegung, wie sie derzeit immer noch weiter am Anschwellen ist, als Zug zu einer neuen Innerlichkeit und paradoxerweise zugleich Äußerlichkeit deuten läßt.

STEPHAN KREBS

Erfolg

Erfolg, das ist etwas ganz Elementares im Leben und zugleich ein schillernder Begriff unserer Zeit – durchaus ein Machtwort des Zeitgeistes. Wer darüber mehr wissen will, hat es leicht. Allein auf dem deutschsprachigen Büchermarkt gibt es über 3000 Bücher, die in Titel oder Untertitel den Begriff »Erfolg« führen. In dieser Vielfalt zeigt sich aber auch, wie facettenreich und schwierig dieser Begriff ist.

Ausgerechnet als Christ über Erfolg zu reden scheint gewagt. Der Tod von Jesus Christus am Kreuz beleuchtet eher die Kehrseite des Erfolges: die Ohnmacht und den Mißerfolg. Doch nachher wird sich gerade diese Geschichte als Korrektiv des Zeitgeistes erweisen. Zunächst zeigt sie uns nur dies: Der Erfolg hat eine Kehrseite – den Mißerfolg. Insbesondere im Sport wird das ganz klar: Der Erfolg des einen ist der Mißerfolg des anderen. Man kann gewinnen oder verlieren. Jedenfalls muß man etwas können. Man muß für den Erfolg eine Leistung bringen und bereit sein, für etwas zu kämpfen. Ein Lehrspruch aus der Wirtschaft lautet: »Kein Erfolg ohne Risiko«.

Erfolg hat auch etwas zu tun mit Macht und Ansehen. In den Siebziger Jahren hat sich das die »Black-Panther-Bewegung« zunutze gemacht. Das waren farbige Spitzensportler aus den USA, die das Siegerpodest als Plattform für ihre politische Botschaft genutzt haben. Während der Siegerehrung haben sie trotzig ihre Faust erhoben. Ein höchst breitenwirksamer Protest gegen die Rassendiskriminierung in ihrem Land.

Erfolg – das braucht jeder Mensch von Anfang an. Ohne ihn kann sich kein Kind gesund entwickeln. So lernen wir es von den Psychologen. Sie nennen es Erfolgserlebnisse, wenn kleine Kinder die ersten wackeligen Schritte tun und sich damit die Welt selbst erschließen. Oder

wenn sie dann später den Lichtschalter erreichen und fortan Herr über Hell und Dunkel sind.
Auf diese Weise säumen wichtige Erfolgserlebnisse den gesamten Lebensweg.
Schon in der Antike war die Bedeutung von Erfolgserlebnissen klar. Die griechische Sage kennt den Sisyphos. Ein besonders schlauer und gerissener Mann. Wegen einiger Betrügereien wird er verurteilt. Er muß beständig einen Marmorstein den Berg hoch rollen. Doch kurz vor dem Gipfel muß er ihn wieder herunterrollen lassen, um unten wieder von vorne zu beginnen. Und so immer fort. Sisyphos wird mit ewiger Erfolglosigkeit bestraft. Heute steht sein Name für Tätigkeiten, die nie zu einem Ende kommen.
Erfolg ist ein höchst flüchtiger Begriff. Wie ein Chamäleon nimmt er ständig neue Gestalten an. Tasten wir uns deshalb zunächst behutsam an den Erfolg heran. Fragen wir: Wie fühlt er sich an? Wie macht sich Erfolg bemerkbar?
Schön ist er, ein Kribbeln – irgendwo. Menschen, die Erfolg haben, jubeln, sind gerührt. Sie freuen sich, sie spüren eine tiefe Befriedigung. Gerade der Sport bietet eine Fülle von Bildern davon. Da sieht man Fußballer, gestandene Männer, die sich brüllend in die Arme oder gleich mannschaftsweise übereinanderfallen. Da fliegen auf der Tribüne tausende Arme in die Höhe, als gehörten sie zu einem Leib, aus tausenden aufgerissenen Mündern ertönt ein einziger Schrei: Tor!
Oder man sieht zwei Politiker, wie sie bleich, aber glücklich aus schwierigen Gesprächen kommen. Einträchtig nebeneinander stehend, präsentieren sie der Öffentlichkeit ihren Verhandlungserfolg.
Oft genug wird ein Erfolg aber auch im Stillen erlebt. Zum Beispiel im Büro: ein befreites Aufatmen, wenn eine schwierige Akte geschlossen wird.
Schnell hat der Erfolg Gesichter und wird damit zu einem menschlichen Erlebnis. Doch nicht nur Menschen können Erfolg haben – auch Ideen, Strategien, Technologien. Und jedes Lebewesen in der Natur. Das wird an-

hand der drei Schlüsselsätze deutlich, die im folgenden zum Wesen des Erfolgs führen sollen.

Der erste lautet: *Erfolg ist, was Bestand hat.* Das ist eine ganz archaische Grundregel der Biologie. Erfolgreich ist das Lebewesen, das im täglichen Überlebenskampf bestehen kann. Da überlebt nur das gesunde und starke Individuum. Und nur die Gattung hat Bestand, die ihre Nische im Biosystem findet und dafür optimal ausgestattet ist. Denken wir an die Giraffe. Ihr langer Hals eröffnet der Giraffe Futter, das sonst kein Tier erreicht. Auf diese Weise ist jedes Tier für seine Lebensweise ausgerüstet.

Erfolg ist, was gut an seinen Lebensraum angepaßt ist. Diese Beobachtung läßt sich durchaus auch auf das menschliche Miteinander übertragen. Sie führt zu den Erfolgsmenschen. Sie haben die Gabe, immer das Richtige zu tun und sich richtig zu geben. Sie haben ein hochsensibles Gespür für die Chance des jeweiligen Augenblicks, für die Situation und die Menschen um sie herum. Und die Fähigkeit, das einzubringen, was gerade erwartet wird. In der Natur würde man sagen: sie sind sehr anpassungsfähig.

Nun der zweite Schlüsselsatz: *Erfolg ist, was Folgen hat.* Folgen – dieses Wort steckt im Wörtchen Er-folg schon drin. Das können Ideen sein oder Strategien oder Technologien. Zwar verbinden sie sich in der Regel mit den Menschen, die sie erdacht haben. Doch können die Ideen ihre Erfolgsgeschichte haben, selbst wenn ihre Erfinder daran scheitern.

Deutlich wird das an Galileo Galilei, einem Astrophysiker aus dem späten Mittelalter. Zu seiner Zeit gilt die Welt noch als Scheibe, um die herum sich Sonne, Mond und Sterne gruppieren. Das ist das gültige Weltbild, das Galileo Galilei anhand seiner Beobachtungen anzweifelt. Er findet heraus: Die Erde ist eine Kugel, die sich im Universum dreht! Unter dem Druck der Kirche widerruft Galilei diese Erkenntnis und entgeht so einer Verurteilung als Ketzer. Er selbst endet also als gebrochene Gestalt. Doch seine Erkenntnis läßt sich nicht auf Dauer aufhalten. Sie setzt sich durch und revolutioniert die ge-

samte Wissenschaft. Der Mensch lernt sich neu sehen. Sich und die Welt und die Sterne. Eine epochale Idee hat enorme Folgen.
Und nun der dritte Schlüsselsatz: *Erfolg hat, wer ein Ziel erreicht.* Jeder einzelne wird dabei für das Wörtchen Ziel etwas anderes einsetzen: eine Gehaltserhöhung einen Rekord, den Kauf eines Hauses, das erfolgreiche Werben um einen geliebten Menschen, eine gute Note in einer Klassenarbeit, eine sauber geputzte Wohnung. Erfolg hat, wer ein Ziel erreicht. Erfolg ist also etwas sehr Privates und Subjektives, das man für sich erstrebt.
Aber nicht nur. Natürlich bleibt so eine wichtige Kategorie wie der Erfolg nicht unbeeinflußt von der Gesellschaft um sie herum. Erfolg hat auch eine öffentliche Dimension. Die Gesellschaft verobjektiviert den Erfolg, damit er meßbar und vergleichbar wird.
Jede Branche hat ihre eigene Meßlatte dafür. Im Sport sind es die Siege, die Rekorde und Medaillen. In der Popmusik mißt sich der Erfolg an verkauften CDs und Konzertkarten, an Fernsehauftritten und Preisen. In der Wirtschaft zählen Gewinne, Dividenden, Aktienkurse. Doch in den selben Firmen sehen es die Betriebsräte als Erfolg an, wenn das alles ohne Abbau von Arbeitsplätzen vonstatten geht.
Diese Meßlatten werden der Komplexität des Lebens nicht ganz gerecht. Sie reduzieren es. Deutlich wird das in den elektronischen Medien. Die Meßlatte für den Erfolg von Radio und Fernsehen sind die Einschaltquoten. Zwei nüchterne Zahlen: die Quote und ihr Marktanteil. Sie allein stehen für Erfolg oder Mißerfolg. Was nicht zählt, ist, ob die Zuschauer von dem Programm gepackt waren oder nicht. Ob sie zugestimmt haben oder nicht. Ob es ihr Leben verändert oder eigentlich belanglos war.
Meßlatten des Erfolgs können auch auf ein kompliziertes Interessengeflecht hinweisen. Da sind zum Beispiel die Ärzte. Was ist ihre Meßlatte für den Erfolg? 60 Patienten in 60 Minuten? 90% richtige Diagnosen? Keine Patienten, weil alle gesund sind?
Wir leben in einer Marktwirtschaft. Unsere Gesellschaft

regelt wesentliche Bereiche über das Geld. Sie hat natürlich das Bestreben, auch den Erfolg in Geld umzurechnen. Das tut sie mit Spitzengehältern, Erfolgszulagen, Siegerprämien. Doch leider ist Geld für sich genommen wenig sinnlich. Deshalb wird es gerne verwendet für Statussymbole, die den Erfolg sinnlich darstellen können: große Häuser und schnelle Autos, Luxusboote und teure Kunstwerke, exklusive Kleider und weite Reisen, schöne Frauen und edle Pferde. Ein hoch kompliziertes Geflecht an Symbolen ermöglicht jedem eine schichtenspezifische Selbstinszenierung. Sie zu beherrschen, ist manchmal wichtiger als der Erfolg selber.
Der Erfolg und seine Symbole können auseinander driften. Martin Walser beschreibt das in seinem Buch »Ein fliehendes Pferd«. Darin begegnen sich zwei alte Schulkameraden als Endvierziger wieder. Der eine ist der Journalist Klaus Buch. Er ist gesund und sportlich. Braun gebrannt, das Hemd weit offen. Auf dem Beifahrersitz seines silberfarbenen Mercedes Coupé sitzt Hel, eine junge und attraktive Frau. Klaus Buch ist immer gut gelaunt. Das Leben scheint ihm leicht zu fallen. Nie ist er um ein starkes Wort und ein hohes Trinkgeld verlegen. So seine Fassade, deren Charme sich niemand entziehen kann. Doch ein Sturm zieht auf. Eine Segelpartie auf dem Bodensee wird zum tödlichen Risiko, da fällt seine Fassade in sich zusammen. In Wahrheit ist er eine gescheiterte Existenz. Erfolglos im Beruf und privat völlig vereinsamt. Ein Rechthaber, den niemand leiden kann.
Sein Gegenpart ist Helmut Halm. Eine unauffällige Erscheinung, etwas dicklich und zurückhaltend. Jedoch besonders begabt und Lehrer an einem angesehenen Gymnasium. Privat ein Mensch, der sich am liebsten in die letzte Reihe setzt. Doch ist er, zusammen mit seiner Frau Sabine, auf unauffällige Weise glücklich.
Erfolg hat eine private und eine öffentliche Dimension. Deutlich wird auch das im Sport. Da gibt es allgemeine Rekorde und eben daneben die persönlichen Bestzeiten. Noch schärfer formuliert: Ein Spitzensprinter trainiert hart, um die 100 Meter unter zehn Sekunden zu laufen.

Ein Erfolg – auch nach öffentlichen Maßstäben. Wer einen Schlaganfall hatte, wird es für sich persönlich als großen Erfolg werten, wenn er wieder 100 Meter am Stück gehen kann. Öffentlicher und privater Erfolg sind also nicht dasselbe. Es kann sogar sein, daß ein privater Erfolg nur möglich wird, indem man auf einen öffentlichen verzichtet.
Deutlich wird dies in der »Anekdote zur Senkung der Arbeitsmoral« von Heinrich Böll. Sie spielt in einem mediterranen Hafen. Da liegt ein Fischer genüßlich auf der Kaimauer und döst vor sich hin. Ein Tourist spricht ihn an, ob der Fang heute gut war. Der Fischer bejaht. Wenn der Fang aber gut gewesen sei, so der Tourist, dann könne er doch noch einmal hinausfahren und noch mehr Fische holen. Und so weiter. Später könne er dann von dem Erlös ein zweites Schiff kaufen, dann eine ganze Fangflotte, zuletzt noch eine Fischfabrik dazu. Der Fischer hört sich das alles gelangweilt an und fragt am Ende: »Und dann?« Der Tourist stutzt. »Dann können Sie sich auf Ihrem Erfolg ausruhen«, so sagt er, »dann können Sie sich beruhigt zurücklehnen und das Leben genießen.« Die trockene Antwort des Fischers: »Aber das tue ich ja jetzt schon.« – Soweit die Anekdote. Ein einfacher Fischer verteidigt darin seine private Auffassung von Erfolg gegen die Maßstäbe eines verobjektivierten Erfolgs. Übrigens: erfolgreich.
Anhand von drei Schlüsselsätzen haben wir uns dem schillernden Begriff Erfolg genähert:

> Erstens: Erfolg hat, was besteht.
> Zweitens: Erfolg hat, was Folgen hat.
> Drittens: Erfolg hat, wer ein Ziel erreicht.

Erfolg ist etwas Grundsätzliches – gewissermaßen ein elementares Lebensmittel. Natürlich reflektiert ihn auch die jüdisch-christliche Tradition. Auffällig dabei ist, daß alle Gestalten in der Bibel ein gebrochenes Verhältnis zum Erfolg haben.
Eine zentrale Gestalt des Alten Testaments ist Mose. Er befreit das Volk Israel aus der Sklaverei in Ägypten und

führt es durch die Wüste mit ihren vielfältigen Gefahren. Sein Ziel ist das Land Kanaan, das gelobte Land. Doch er selbst darf es nicht betreten. Er selbst erreicht das Ziel und damit den Erfolg seines Lebenswerkes nicht.
Die Bibel reflektiert den Menschen zwischen Erfolg und Scheitern. In diesen Kategorien wird das ganze Verhältnis Gottes zu seinem Volk entfaltet. Die Meßlatte der Bibel ist dabei die Nähe zu Gott. Damit beschreibt sie das ewige Ringen um Nähe und Distanz, um Glauben und Unglauben.
Stärke spielt dabei keine Rolle. Israel gilt als das auserwählte Volk Gottes. Aber nicht, weil es so besonders herausragend oder historisch besonders erfolgreich oder für Gott besonders ansprechbar gewesen wäre. Gerade nicht! Nach der Aussage des Propheten Jesaja erwählt sich Gott gerade das kleinste Volk aus, ein eher armes und verachtetes Volk. Nicht Größe, sondern Schwäche gibt hier für Gott den Ausschlag.
Hinter den biblischen Geschichten steht immer die Einsicht, daß Erfolg in der Tat ein unabdingbares Lebensmittel ist, von dem der Mensch aber bei allem Bemühen nicht genügend erlangen kann. Und deshalb lautet eine biblische Kernfrage, wie der Mensch mit seinem Mißerfolg leben kann. Wer hilft dem Menschen, im Scheitern zu überleben?
Zur Zentralgestalt in dieser Frage wird Jesus. Seine Lebensgeschichte ist zunächst einmal eine der größten Erfolgsgeschichten der Menschheit. Kaum jemand sonst hat als einzelner Mensch eine so breite Wirkungsgeschichte entfalten können. Obwohl er aus einfachen Verhältnissen kommt und Zimmermann ist, gewinnt er schon zu Lebzeiten großen Ruhm als Prediger, Heiler und Schriftgelehrter. Er wird gar als Prophet mit übernatürlichen Kräften gehandelt. Jedoch: Sein Hauptinteresse gilt den Deklassierten seiner Zeit, den Erfolglosen. Seine direkte Anhängerschar muß beträchtlich gewesen sein, vielleicht schon eine kleine Bewegung. Jedenfalls sehen die Mächtigen eine Bedrohung in ihm und wollen ihn eliminieren. Hier bricht die Erfolgsgeschichte ab. Der historische Je-

sus wird kurz vor dem Passafest verhaftet, mißhandelt und gefoltert. Dann wird er in einem Schnellverfahren zum Tod verurteilt. Das Urteil wird nach römischem Recht am Kreuz vollstreckt. Ein elender und langsamer Tod.

Interessant ist ein Blick auf die letzten Worte Jesu. Die Evangelien überliefern sie sehr unterschiedlich. Der älteste Evangelist, Markus, legt dem sterbenden Jesus den Psalm 22 in den Mund: »Mein Gott, mein Gott, warum hast du mich verlassen?« Im Moment der höchsten Pein sieht sich Jesus als vollkommen Gott-verlassen, absolut gescheitert.

Ein paar Jahrzehnte später läßt der Evangelist Lukas den sterbenden Jesus sagen: »Vater, in deine Hände lege ich meinen Geist.« Hier gibt Jesus die Verantwortung zurück. Ob seine Mission ein Erfolg war oder nicht, das mögen andere entscheiden. Der Sterbende läßt sein Leben los.

Der jüngste Evangelist, Johannes, überliefert den sterbenden Jesus mit dem Satz: »Es ist vollbracht!« Hier stirbt Jesus im Triumph. Schon sein Tod besiegelt seinen Erfolg.

In der Tat hat das Christentum schon bald den eher schmählichen Tod ihres Messias als einen Sieg gedeutet. Der Tod Jesu war demnach von Gott geplant, gewollt und nötig. Im Christentum wird daraus das Mysterium der Erlösung von Schuld und Versagen. Gott selbst wird schwach. Er nimmt menschliche Gestalt an und erlebt höchstpersönlich das Scheitern in seiner abgründigsten Form. Er stirbt stellvertretend für alle Gescheiterten am Kreuz und nimmt alle Schuld mit ins Grab. Sein Tod mündet in die Auferstehung – Symbol der Befreiung. Das Kreuz – eigentlich ein grausames Hinrichtungsgerät – wird zum Siegeszeichen und Hoffnungssymbol.

Der vielleicht wichtigste Theologe dieser frühen Zeit ist Paulus. In seinem Brief an die Gemeinde in Korinth reflektiert er dieses Erlösungsmysterion so: Das Wort vom Kreuz ist eine Torheit denen, die verloren werden. Uns aber, die wir selig werden, ist´s eine Gotteskraft. Denn es steht geschrieben: Ich will zunichte machen die Weisheit der Weisen, und den Verstand der Verständigen will ich verwerfen... wir aber predigen den gekreuzigten Christus ...Was töricht ist vor der Welt, das hat Gott erwählt, damit er die Weisen zuschanden mache. Und was schwach ist vor der Welt, das hat Gott erwählt, damit er zuschanden mache, was stark ist...

Das Christentum hat sich ein besonderes Gespür für Schwäche bewahrt. Das diakonische Engagement in Einrichtungen für Behinderte, die kirchlichen Besuchskreise bei Alten und Kranken haben hier ihre geistliche Wurzel. Der Theologe Ernst Lange hat den Begriff geprägt, daß sich in den Gottesdiensten das »Ensemble der Verlierer« versammelt.

Freilich: die Wirkungsgeschichte des Christentums hat viele Facetten. Der Soziologe und Philosoph Max Weber hat einen Aspekt besonders herausgearbeitet: Nach seiner Auffassung war das Christentum ein idealer Nährboden für den Kapitalismus. Vielleicht war er sogar – wenn auch wider Willen – die Voraussetzung dafür. Damit meint er insbesondere den Protestantismus mit seiner schärferen inneren Ethik. Die Ideale der Demut und Bescheidenheit – so Max Weber – machten es unmöglich, das verdiente Geld für Prestigegüter auszugeben und damit den persönlichen Erfolg nach außen zu kehren. Was blieb den Besitzern da anderes übrig, als es wieder zu investieren und neue Gewinne damit zu machen?! Und deren Gewinne dann wieder zu investieren? Diese Investitionsspirale sieht Max Weber als Grundvoraussetzung für den modernen Kapitalismus, ohne die er nicht zur mächtigsten Wirtschaftsform hätte aufsteigen können. Aus Bescheidenheit erwächst Reichtum. Aus Demut erwächst Erfolg. So die grundlegende Gedankenfigur des Christentums.

Ob auch die moderne Psychoanalyse davon beeinflußt ist? Oder drückt sich darin eine ur-menschliche Erfahrung aus? Krisen und Mißerfolge werden hier häufig zur Voraussetzung für den eigenen Erfolg. Die Psychologin Verena Kast hat das in ihrem Buch »Der schöpferische Sprung« eindrücklich so beschrieben:

»Ob eine Krise zu einer neuen Chance für ein neues Erleben unserer Identität werden kann, ob wir aus einer Krise mit neuen Verhaltensmöglichkeiten, neuen Dimensionen des Selbst- und Welterlebens hervorgehen, vielleicht sogar mit neuen Sinnerfahrungen und mit dem Bewußtsein, kompetent geworden zu sein im Umgang mit dem Leben, ... das hängt wesentlich davon ab, ob wir die Krise als Lebenssituation zu sehen vermögen, in der sich für unser Leben existentiell wichtiges ereignet und entscheidet, oder ob wir die Krise nur als lästiges Beiwerk des Lebens sehen, das wir so rasch wie möglich vergessen wollen.«

Heute ist der Blick auf die Kehrseiten des Erfolgs allerdings unpopulär geworden. Es sieht so aus, als habe die neue Generation die Zügel verschämter Bescheidenheit fallengelassen. Sie hat einfach Lust auf Erfolg. Erfolg wird zum Lebenselixier, zu einem magischen Wort des Zeitgeistes, zum Lebenssinn schlechthin. Ein moderner Slogan sagt: »Nichts ist so aufregend wie der Erfolg.« Nur ist er leider auch heute Mangelware. Deshalb ist der Markt der Erfolgsmacher auch entsprechend reichhaltig:

Erfolgreich führen – ein Lehrbuch für Manager

Erfolgreich verhandeln – ein Fortbildungsprogramm für Geschäftsleute

Erfolg ausstrahlen – ein psychologisches Training für alle, die eben Erfolgstypen sein wollen.

Warum ist heute der Erfolg zum Lebenselixier geworden? Was hat sich da verändert? Drei Antworten darauf scheinen plausibel:

Erstens: Jedes Leben muß sich heute ständig neu erfinden. Kein Lebensweg ist mehr vorgezeichnet. Früher haben Herkunft, Stand und Ausbildung vieles einfach vorgegeben. Heute ermöglicht eine durchlässige Gesellschaft sagenhafte Tellerwäscher-Karrieren. Alles scheint möglich zu sein. Da muß sich natürlich jeder einzelne permanent fragen, ob er gerade etwas falsch macht. Ob er oder sie nicht noch mehr hätte herausholen können oder gar müssen. Ein ungeheurer Lebenshunger ist die Folge. Und eine ungeheure Unsicherheit: Wer bin ich in all dem Wirrwarr an Möglichkeiten? Bin ich noch an der richti-

gen Stelle? Oder habe ich gerade etwas Entscheidendes verpaßt? Viele scheinen davon überfordert zu sein, sich selbst ständig neu zu positionieren und auch zu legitimieren. Wer gibt da die nötige und überprüfbare Sicherheit? Ganz einfach: verobjektivierte Erfolgseinheiten: zuallererst das Geld, dann auch Ansehen und Macht. Zur Not auch nur die sichtbaren Erfolgssymbole.
Der zweite Grund: Die Technologie-Gesellschaft des Westens braucht ständige Innovation. Sie hat sich weit entfernt von den Ursprüngen einer regenerativen Gesellschaft, die im Jahreszyklus der Natur ihre Mitglieder ernährt. Die moderne Gesellschaft braucht die Innovation, das Neue, das Vorantreibende. Sie braucht das erfolgreiche Streben und Forschen wie die archaische Gesellschaft den Regen.
Der dritte Grund: Die neue Generation hat den Erfolg für sich neu bewertet. Erfolg wird nun genossen. Man ist bereit, dafür eine Anpassungsleistung zu erbringen. In den 70er und 80er Jahren war diese Anpassungsleistung an die Umgebung eher verpönt. Was zählte, waren Inhalte, Positionen, Auffassungen. Heute halten es viele Menschen nicht mehr für problematisch, sich in das gegebene System einzufügen. Anpassung an die gegebene Situation gilt nicht mehr als Verrat, sondern eben als passendes Mittel zum Erfolg.
Die junge Generation will Erfolg nicht nur haben. Sie will es sein. Sie will Erfolg verkörpern. Der einzelne möchte sein Leben als Erfolg inszenieren. Dabei orientieren sich viele an zwei Klischees vom Erfolgstypen. Sie werden in der Werbung vielfältig konkretisiert.
Das Klischee des disziplinierten Erfolgstypen inszeniert sich in einem modernen Büro mit teuren Accessoires. Die Menschen darin sind korrekt und teuer gekleidet, durchgestylt, jung – zumindest dynamisch. Per Telefon mit wichtigen Leuten auf der ganzen Welt in Kontakt. Man bewegt viel Geld und ist immer auf dem Sprung in den nächsten Flieger.
Das Klischee des spaß-orientierten Erfolgstypen findet eher an einer Beach-Bar statt. Man ist auch hier jung, gut

gelaunt, lässig, schlank und sportlich. Man ist kommunikativ und lacht gerne. Man genießt. Geld spielt keine Rolle, eine gehobene Kreditkarte bürgt.
Beide Klischees sind reizvoll und doch unmenschlich. In Wahrheit fällt der Erfolg selten vom Himmel. Die meisten Menschen müssen hart dafür arbeiten. Sie bangen um ihre Zukunft, und es fällt ihnen schwer, auszuspannen und sich innerlich vom Stress ihrer Arbeit zu befreien. Wer in unserer Gesellschaft Erfolg hat, bezahlt meist einen hohen Preis dafür. Und ehrgeizige Neulinge überanstrengen sich leicht bei ihrem Kampf um die Karriere. Nicht umsonst lautet ein Fazit von englischen Karriereberatern: »If you want to succeed, don't try so hard.« Wenn du Erfolg haben willst, versuche es nicht zu stark. Die hohe Wertschätzung des Erfolgs hat auch eine Kehrseite. Das Gesunde und Leistungsfähige wird zur Norm. Im Weltbild der Erfolgsmenschen haben Krankheit und Schwäche keinen festen Platz mehr. In Wahrheit gehört aber beides zum Leben dazu. Menschen können scheitern. Das ist eine urmenschliche Erfahrung. Was bleibt ihnen, wenn das Lebenselixier Erfolg ausbleibt? Was hilft dem Menschen, wenn er scheitert? Darauf bleibt der moderne Zeitgeist die Antwort schuldig.
Hier kann die christliche Tradition ein Korrektiv sein. Ihre Reflexion auf Erfolg und Mißerfolg hat Martin Luther in der Reformationszeit machtvoll aktualisiert. Sein Thema: die Rechtfertigung des Sünders. Moderner ausgedrückt: Wie kann der Mensch damit leben, daß er seine Bestimmung nie ganz erreicht? Dem Menschen bleibt letztlich der Erfolg verwehrt – zumindest aus eigener Kraft. Demnach braucht der Mensch im Falle des Scheiterns etwas von außen. Etwas, das er sich nicht selbst zusprechen kann. Die Folgerung Luthers: Letztlich ist der eigentliche Lebenserfolg ein Geschenk Gottes. Sein Zeichen dafür: das Kreuz.
Der aktuelle Zeitgeist verkennt, daß Erfolg nur ein Lebensmittel ist. Er mag ein Weg sein, aber er ist nicht das eigentliche Ziel. Allerdings: Ein altes Märchen stellt selbst dieses in Frage:

Das Märchen vom Hans im Glück erzählt von einem jungen Mann, der seine Lehre in der Fremde abschließt und nach Hause zurückkehrt. Aus Dankbarkeit gibt ihm sein Lehrmeister einen Goldklumpen mit auf den Weg. Hans zieht frohgemut los – Richtung Heimat. Unterwegs tauscht er das Gold gegen ein Pferd, dann das Pferd gegen eine Kuh, dann die Kuh gegen ein Schwein, das gegen eine Gans, die zuletzt gegen einen Schleifstein. Bei jedem Tausch ist er froh, weil er ihn jedes Mal von einem Problem befreit und neue Chancen eröffnet. Zum Schluß wird ihm der Mühlstein dann zu schwer. So ist er froh, als der Stein aus Versehen in einen Brunnen fällt. So kommt Hans – befreit von aller Last – glücklich zu Hause an.
Unter dem Aspekt des Erfolgs ist Hans im Glück ein gänzlich erfolgloser Geschäftsmann. Doch findet er über den Mißerfolg zu seinem Lebensziel. Ob das Märchen ernst gemeint ist?

HORST-EBERHARD RICHTER

Flexibilität

Flexibilität ist noch das offizielle Motto unserer Tage. Flexibel soll der Mensch sein, sagt der Kanzler, sagt vor allem die Wirtschaft. Denn diese ist selbst durch Flexibilität gekennzeichnet – dadurch nämlich, daß sie sich dauernd in Umbrüchen bewegt. Dauernd ist nur noch eins: ihr Wandel, ihre Diskontinuität. Der dynamische Markt erlaubt nicht mehr, daß der Mensch längere Zeit die gleiche Sache und etwa auch noch auf die gleiche Art tun kann. Die Nachfrage kann die Aufgaben der Beschäftigten von einem Tag zum andern verändern. Unternehmen werden gespalten, brechen zusammen, fusionieren. Es lösen sich Ordnungen auf, die es bislang Menschen erleichtert haben, sich auf langfristige Bedingungen zu verlassen. Richard Sennett, der das wichtige Buch »Der flexible Mensch« geschrieben hat, berichtet: »Heute muß ein junger Amerikaner mit mindestens 2-jährigem Studium damit rechnen, in 40 Jahren wenigstens elf mal die Stelle zu wechseln und dabei seine Kenntnisbasis wenigstens drei mal auszutauschen.«

Kurzfristige Arbeitsverträge werden die Regel. Neue Projekte schaffen neue Arbeitsfelder für Menschen mit neuen Fertigkeiten. Sennett stellt fest: »Distanz und oberflächliche Kooperationsbereitschaft sind ein besserer Panzer im Kampf mit den gegenwärtig herrschenden Bedingungen als ein Verhalten, das auf Loyalität und Dienstbereitschaft beruht.«

Der Chamäleon-Charakter der modernen Wirtschaft, deren Strukturen sich abrupt verändern, bedroht auch die einzelnen mit einer chamäleonartigen Flexibilisierung. Sennett warnt: »Vielleicht ist die Zerstörung des Charakters eine unvermeidliche Folge. Wenn es nichts Langfristiges mehr gibt, desorientiert das auf lange Sicht jedes Handeln, löst die Bindungen von Vertrauen und Verpflichtung und untergräbt die wichtigsten Elemente der Selbstachtung.« Denn: »Wie bestimmen wir, was in uns selbst von bleibendem Wert ist, wenn wir in einer ungeduldigen Gesellschaft leben, die sich nur auf den unmittelbaren Augenblick konzentriert?«

Wer noch auf diesen bleibenden inneren Wert achtet, ist vielleicht in der Sicht der Moderneren nur zu wenig flexibel. Gefragt ist der Mensch, der ohne feste Ordnung auskommt, der – wie es Sennett beschreibt, »mitten im Chaos aufblüht«. Das ist der Typ des neuen Siegers, der nicht unter der Fragmentierung seines Lebens und seinen chamäleonartigen Anpassungen an den Wandel leidet, sondern in dem Hin und Her jeweils rasch seine Bindungen an Umstände und Leute zu lösen versteht, um oben zu schwimmen. DER SPIEGEL feierte unlängst in einer Titelgeschichte die »Generation Ich« und nannte neben dem Kanzler und Außenminister Fischer besonders Jürgen Möllemann als Vertreter des Typs, »der die Kunst des permanenten Wandels beherrscht«. Als Kontrast werden die sogenannten Bedenkenträger bespöttelt, die unbelehrbar ihr Gewissen pflegen und nicht davon lassen können, das Leitbild Flexibilisierung mit schierem Opportunismus gleichzusetzen.

Das ausgegebene Ideal des Ich-Menschen, der sich im Wirbel der ökonomischen Umbrüche unabhängig macht und den Begriff Verantwortung zuerst einmal von sozialen Bedingungen löst und als egozentrische Eigenverantwortung umdefiniert, ist allerdings wenig tragfähig. Wir sind nun einmal wechselseitig aufeinander angewiesen. Wir sind als menschliche Gemeinschaft nur lebensfähig als eine Wir- und eben nicht als eine Ich-Gesellschaft. Wenn der Kanzler in seiner Neujahrs-Millenniumsrede gleich zweimal einen Gegensatz zwischen Eigenverantwortung und Versorgungsansprüchen hervorhob, so nährte er damit ein Verständnis von Modernisierung, das sozial Abhängige einer parasitären Passivität verdächtigt. Am liebsten sollten sich wohl alle unabhängig machen und ihre Hilfe-Ansprüche drosseln. Die Schwächeren sollten ihr Schicksal in die eigene Hand nehmen, anstatt

den Wirtschaftsstandort ungebührlich zu belasten. So verschiebt der Staat die aus seiner restriktiven Sozialpolitik erwachsenden eigenen Skrupel auf seine Opfer.
Die Schwachen sollen die Ideologie verinnerlichen, wonach sie im freien Wettbewerb eben die Verlierer sind und kein Recht haben, die Erfolgreichen auf deren Überholspur durch Rücksichtsforderungen zu bremsen. Demnach benehmen sich unverantwortlich dann nicht die Mächtigen, wenn sie soziale Leistungen abbauen, sondern die Schwachen, die vermeintliches eigenes Versagen durch soziale Verwöhnung auch noch belohnt sehen wollen.
Eigentlich ist es ein Kunststück, Flexibilität überhaupt als Tugend auszugeben. Das lateinische flexus heißt Krümmung, Biegung. Flexibilis als Eigenschaftswort bedeutet übersetzt: biegsam, geschmeidig, zugleich unbeständig und haltlos. Wenn also von oben mehr Flexibilität gefordert wird, so lautet der Appell im Klartext: Seid biegsamer, krümmt euch! Aber wer denkt schon an den ursprünglichen Wortsinn? Wäre dieser geläufig, würden die Leute sicherlich eher stutzig werden. Denn wer möchte sich schon biegen und krümmen? Da würde sich mancher Ältere gleich dran erinnern, daß ihm vor 25 Jahren mal eine ganz andere Parole eingeleuchtet hat, nämlich: »Standhalten statt Flüchten«, gleichzeitig Titel eines Buches, in dem einige Kapitelüberschriften lauteten: »Wir sind in Gefahr, uns unbewußt in ein Spiegelbild der uns manipulierenden Umwelt zu verwandeln« – »Unbewußte Hörigkeit ist kein Sonderfall, sondern ein Merkmal des durchschnittlichen Menschen.«
Damals war noch die Erinnerung an eine ganz spezielle Form von Flexibilität lebendig, nämlich an diejenige, durch die sich ganze Volksmassen in der Nazizeit hatten ihr Gewissen enteignen lassen. Große Scharen hatten sich wider ihre moralische Überzeugung zu Handlangern eines Vernichtungssystems instrumentalisieren lassen und diesen Selbstverrat vor sich verleugnet. In den 70er Jahren hätte man einen Ruf nach mehr Flexibilisierung noch eher im korrekten Wortsinn verstanden, nämlich als

Biegsamkeit, als suspekte Geschmeidigkeit, als Einknicken unter Anpassungsdruck. Das heißt: als Verlust von Verläßlichkeit, so wie Richard Sennett es neuerdings als Folge der Unverläßlichkeit der ökonomischen Strukturen befürchtet. Inzwischen sind aber gerade bekanntlich einige der damals kritische Standhaftigkeit Gelobenden selber eingeknickt und preisen die eigene Flexibilisierung nunmehr als zukunftsweisende Überwindung einer angeblich überlebten sozialfürsorgerischen Denktradition. Manche genieren sich nicht einmal, sich dabei auf Willy Brandt zu berufen, der seine Strategie einst eine Politik der Compassion, also der mitfühlenden Solidarität mit den Schwächeren, genannt hatte.

Wehe dem heute, der die Modernisierung bremst, der nicht einstimmt in das Lob der Ego-Dynamiker, der Freien und Unabhängigen, die nichts als der eigene Erfolg neben der Partizipation an der munteren Spaßkultur interessiert. Aber wie lange kann das gut gehen?

Adam Smith, Erfinder der liberalen Marktwirtschaft, vertraute zwar vor zweieinhalb Jahrhunderten dem freien Wettbewerb der selbstsüchtigen Interessen. Aber nur deshalb, weil er zugleich als Moralphilosoph fest an eine sozial vermittelnde Gegenkraft in den Menschen glaubte, die er *benevolence* nannte, etwa als mitmenschliche Güte zu übersetzen. In einem großen Werk über »Die Theorie der ethischen Gefühle« beschrieb er ähnlich wie später Schopenhauer und Scheler die *Sympathie* als eine Art Urphänomen, als eine allgemein menschliche Triebfeder, die nicht etwa nur edelsinnigen Charakteren, sondern jedem Individuum innewohne. Der Begründer des Marktliberalismus würde es heute schwer haben, nicht den blauäugig weinerlichen Gutmenschen zugerechnet zu werden. Schrieb er doch Sätze wie: »Mag man den Menschen für noch so egoistisch halten, es liegen doch offenbar gewisse Prinzipien in seiner Natur, die ihn dazu bestimmen, an dem Schicksal anderer Anteil zu nehmen und die ihm selbst die Glückseligkeit dieser anderen zum Bedürfnis machen, obgleich er keinen anderen Vorteil daraus zieht als das Vergnügen, Zeuge davon zu sein. Ein Prinzip dieser Art ist das Erbarmen oder das Mitleid, das Gefühl dafür, das wir für das Elend anderer empfinden, sobald wir dieses entweder selbst sehen oder sobald es uns so lebhaft geschildert wird, daß wir es nachfühlen können. Daß wir oft darum Kummer empfinden, weil andere Menschen von Kummer erfüllt sind, das ist eine Tatsache, die zu augenfällig ist, als daß es irgendwelcher Beispiele bedürfte, um sie zu beweisen; denn diese Empfindung ist wie alle anderen ursprünglichen Affekte des Menschen keineswegs auf die Tugendhaften und human Empfindenden beschränkt, obgleich diese sie vielleicht mit der höchsten Feinfühligkeit erleben mögen.«

Später hat Schopenhauer bekanntlich in dem Urphänomen des automatischen Mitfühlens und Mitleids die eigentliche Wurzel unseres Strebens nach sozialer Gerechtigkeit erblickt. Wenn dagegen vom heutigen Neoliberalismus für eine Flexibilität im Sinne von Lockerung sozialer Bindungen und Befreiung von hinderlichen Loyalitäten geworben wird, so wäre einer solchen kalten Ich-Gesellschaft kein langfristiges friedliches Zusammenleben zu prophezeien. Hilfsbedürftigkeit und Fürsorglichkeit charakterisieren als komplementäres Beziehungsmuster unser Leben von Geburt auf. Kinder gedeihen nur unter verläßlicher langfristiger Zuwendung. Durch hilfreiche Solidarität mit Kranken, Behinderten, Armen und gebrechlichen Alten sowie mit den Völkern in den Elendsgebieten der Erde kann sich eine Kulturgesellschaft ihrer Selbstachtung versichern und obendrein eine zentrale Bedingung für die Friedenserhaltung erfüllen. Es gibt auf lange Sicht nur ein *gemeinsames* Gedeihen, eine *gemeinsame* Sicherheit, ein *gemeinsames* Überleben. Die Alternative sind gewaltträchtige, letztlich selbstzerstörerische gesellschaftliche Spaltungsprozesse. Der maximal flexible, chamäleon-gleiche Zukunftsmensch – ist er ein Wunschbild oder ein Alptraum? Ein Ideal von individueller Selbstbefreiung oder eine Schreckensvision? Kaum denkbar, daß sich die Gesellschaften auf Dauer von den glatten, biegsamen Opportu-

nisten betören lassen wollen, die momentan noch vielfach das Sagen haben. Aber da ist noch eine spezielle Gefahr, nämlich daß wir uns insgesamt allzu flexibel neuen technischen Machbarkeiten ergeben, die uns die Forschung anbietet, wobei wir uns, indem wir scheinbar unsere Freiheit erweitern, höchsten Risiken aussetzen.
Auch hier wird grenzenlose Flexibilität zur Tugend hochgelobt und gegen den Kleinmut sauertöpfischer Bedenkenträger verteidigt. Die Gentechnologie ist dabei, uns phantastische neue Möglichkeiten zu eröffnen. Demnächst werden wir genau wissen, ob uns die im Mutterleib entstehenden Kinder mit ihren Genen gefallen oder nicht. Heute schon lassen sich bestimmte gesundheitlich unerwünschte Anlagen diagnostizieren. Aber sollten wir, dürfen wir so flexibel sein und aussuchen, welche Geburten wir zulassen wollen oder nicht? Kürzlich schrieb der bekannte Biophysiker Gregory Stock: »Jetzt, da wir unsere eigene Biologie entschlüsseln, ergreifen wir die Macht über unsere eigene Evolution.«
Stock sieht voraus, daß Wohlhabende demnächst versuchen werden, ihre Kinder durch gentechnische Manipulation maßschneidern zu lassen. Und wenn es zu Hause verboten bleibt, dann eben irgendwo im Ausland!
»Wenn ein Ehepaar aus Berlin eine romantische Hochzeitsreise in die Karibik unternimmt und neun Monate später eine ungewöhnlich aufgeweckte Tochter zur Welt bringt, was soll die Regierung dann tun? Wird sie die Familie zu einem Gentest zwingen und die Eltern ins Gefängnis werfen, wenn sie beim Kind Anzeichen für gentechnische Manipulationen entdeckt?« Natürlich nicht. Aber das führt Stock gar nicht weiter aus, weil er von den Ärmeren erwartet, daß diese – natürlich vergeblich – auf Krankenschein die gleiche Manipulation für sich fordern werden.
Auch hier geht es um Flexibilität, nämlich um den Bruch eines konventionellen Tabus. Gehören wir noch zur Natur, oder gehört diese nicht vielmehr neuerdings uns? Haben wir uns nicht ohnehin schon durch unsere Maschinen, durch Computer und Nukleartechnik zu Pro-

thesengöttern aufgeschwungen? Warum sollten wir nun auf einmal davor zurückscheuen, mit der wunderbaren Gentechnologie unsere Gottähnlichkeit um ein weiteres bedeutendes Stück zu steigern?
Sind es wieder nur engherzige Bedenkenträger, die es für eine fragwürdige Flexibilität halten, nach Belieben in die Fortpflanzungsprozesse einzugreifen? Oder meldet sich hier etwas, was Albert Schweitzer einmal Ehrfurcht vor dem Leben genannt hat? Eine Ehrfurcht, die uns nötigt, unser kreatürliches menschliches Maß fest im Auge zu behalten und an dem Punkt unflexibel zu bleiben, wo wir dieses Maß erkennbar überschreiten? Es droht eine Spaltung der Gesellschaft, wenn die Mächtigen in der eigenen Schicht eine perfekte Leidfreiheit und eine unabsehbare Lebensverlängerung ansteuern, während eine arme Mehrheit von diesen Chancen ähnlich abgekoppelt bleiben wird, wie es jetzt schon bei Aids der Fall ist: im Norden kann die Krankheit weitgehend beherrscht werden, in Südafrika hingegen tötet sie jeden fünften Menschen. Eine Elite beschließt, nicht mehr leiden, daraufhin aber auch nicht mehr mitleiden zu wollen und helfen zu müssen. Die haßt dann den Anblick von vermeidbaren Behinderten und Gebrechlichen. »Wer nicht leiden will, muß hassen!« nannte ich einen eigenen Buchtitel. Kein Zufall, daß jenes Regime, das einst die höheren Herrenmenschen heranzüchten wollte, zu einem Mörderregime wurde und u.a. hunderttausend psychisch Kranke und Behinderte umgebracht hat. Mitgefühl, Mitleid, Benevolence, Menschlichkeit, Caritas können nur in Menschen gedeihen, die sich der eigenen Zerbrechlichkeit und des gegenseitigen Angewiesenseins auf Beistand bewußt sind. Zu einem heilvollen Umgang mit den eröffneten Möglichkeiten der Gentechnologie gehört jedenfalls keine Flexibilisierung unserer Moralbegriffe, sondern umgekehrt ein hohes Maß an moralischer Standfestigkeit. Nun sehen aber alle, daß moralische Appelle wenig bewegen. Moralische Korrumpierbarkeit, gelegentlich hinter dem Deckbegriff Flexibilisierung versteckt, läßt sich nicht mit Verboten oder abstrakten kategorischen Impe-

rativen bekämpfen. Der Antrieb zu sozial verantwortlichem Verhalten kann nur spontan von innen kommen, so wie es Adam Smith und Schopenhauer beschrieben haben. Von Zeit zu Zeit tritt dieser Antrieb deutlicher hervor oder verliert dann wieder an Durchschlagskraft.

In der schon erwähnten Ära Willy Brandt in den 70er Jahren war standhaftes Eintreten für das »Lernziel Solidarität« ein vor allem in der Jugend vorherrschendes Bedürfnis. Zu Tausenden strömten die jungen Leute zu den Bewohnern von sozialen Brennpunkten, zu psychisch Kranken und Behinderten, zu eingesperrten Jugendlichen in Heimen und Gefängnissen. Das Heil wurde weniger in der individuellen Unabhängigkeit als in erweiterter Beziehungsfähigkeit gesucht, deshalb die spontane Ausbreitung von Wohngemeinschaften und Selbsthilfegruppen, auch von Elternvereinigungen in Kinderläden. Die Gruppentherapie blühte als neues Modell von Psychotherapie auf. Von der Brandt-Regierung wurde ein großes Modellprogramm »Humanisierung der Arbeitswelt« in der Industrie gefördert. Überall wurden Mitbestimmungsregelungen erweitert. Außenpolitisch setzte sich die Strategie sozialer Humanisierung in der Brandt-Bahr'schen Ost-West- und Nord-Süd-Versöhnungspolitik fort. Aber dann wich dieser soziale Enthusiasmus einem Trend nach Individualisierung und sozialer Distanzierung.

In periodischen repräsentativen Untersuchungen mit einem inzwischen in zahlreichen Ländern gebräuchlichen Test, dem Gießen-Test, verfolgten Prof. Dieter Beckmann und später Prof. Elmar Brähler mit mir zusammen seit 1975 über 1989 bis 1994 eine Zunahme von Ego-Kult, Konkurrenz-Ehrgeiz, Lockerung von Bindungsbedürfnissen, Rückgang von sozialer Anteilnahme und Fürsorglichkeit. Es schien uns folgerichtig, daß die Menschen anscheinend so werden wollten, wie die Wirtschaft sie haben wollte. Speziell einzelne psychologische Bereitschaften für die von der Ökonomie gewünschte Flexibilisierung kamen stärker zum Vorschein: Vermeidung von Nähe, Abkühlung von Bindungsgefühlen, weniger Inter-

esse an enger Kooperation und stärkere Ich-Betonung. Dies waren, wie gesagt, nicht die Einschätzungen psychologischer Untersucher, sondern die statistisch gesicherten neuen Selbstporträts der Bevölkerung.
Dieser Trend hielt bis 1994 an. Seitdem ist indessen eine markante Veränderung eingetreten, nämlich eine Gegenbewegung, die sich in unseren Tests schon sehr deutlich abzeichnet, obwohl sie in der Öffentlichkeit noch nicht besonders wahrgenommen wird. Bei unserer letzten Befragung Ende 1999 hat sich nämlich die Mentalität der kühlen Ich-Gesellschaft merklich gewandelt. Neuerdings nähern sich die Menschen wieder deutlich mehr aneinander an. Sie suchen wieder engeren Anschluß, finden es leichter, langfristige Bindungen einzugehen. Sie entdecken bei sich verstärkt Liebesbedürfnisse und Liebesfähigkeit, betonen fürsorgliche Anteilnahme an Mitmenschen in einem Grade wie schon lange nicht mehr in diesem Umfang. Interessant ist darüber hinaus die Betonung spezifischer sozialer Tugenden, die ebenfalls über Jahrzehnte ihre Zugkraft eingebüßt hatten. Die Befragten achten intensiver auf Ordnung und Wahrheitsliebe, auf Offenheit und Verläßlichkeit.
In diesem Zusammenhang erscheint es nicht zufällig, wie sehr sich die Reaktion der Menschen in unserem Land auf das moralische Versagen hoher und höchster Verantwortungsträger verschoben hat. Ende der 80er Jahre gab es bekanntlich eine Parteispenden-Affäre von ähnlichem Ausmaß wie heute. Aber die Leute regten sich damals viel weniger darüber auf. Man machte darüber Witze. Ich selbst konnte dazu eine Satire schreiben, die ich »Die hohe Kunst der Korruption« nannte, in der ich mich als Politikberater ausgab, der die Mächtigen lehrte, ihren Mißbrauch der Macht und ihre moralische Flexibilität nur raffinierter zu tarnen. Das fanden die Leute damals spaßig, und kaum einer störte sich daran, daß ein Graf Lambsdorff, der gerade erst rechtskräftig zu einer saftigen Geldstrafe wegen Steuerhinterziehung und fortgesetzter gemeinschaftlicher Beihilfe zur Steuerhinterziehung belegt worden war, kurz darauf zum Vorsitzenden

seiner FDP gekürt wurde. Wie anders heute! Vergleichsweise stelle man sich vor, Herr Kanther hätte kürzlich auf dem CDU-Parteitag für den Vorsitz kandidiert. Undenkbar! Nichts spricht dafür, daß die moralische Flexibilität der ehemaligen Kanzler-Partei in Geldangelegenheiten in den letzten zwölf Jahren merklich zugenommen hätte. Aber deutlich zugenommen hat die Sensibilität der Bevölkerung. Heute verbietet das Entsetzen, über die Kette der Skandale eine witzige Satire zu schreiben. Indirekt bestätigt diese Reaktion also die Befunde unserer letzten Untersuchung: Ordentlichkeit, Korrektheit, Wahrheitsliebe – unlängst noch als spießerhafte Sekundärtugenden belächelt – werden als Werte wieder sehr ernst genommen. Das betrifft natürlich nicht nur den Umgang mit Geld. Die Politiker müssen damit rechnen, daß man diese Maßstäbe auch wieder kritischer an ihren Umgang mit Inhalten anlegen wird, also an die Glaubwürdigkeit ihrer Versprechen zu Themen wie soziale Gerechtigkeit, Frieden, Schonung der Umwelt usw. Sich opportunistisch von Fall zu Fall flexibel durchlavieren, das wird – wie es aussieht – demnächst weniger geduldig hingenommen werden.

Zusammenfassend gesagt: Die Zwänge der globalisierten Ökonomie sind fraglos eine bedeutende Macht. Aber das innere Bedürfnis der Menschen, in einem überschaubaren Lebenskreis beheimatet und für andere eine verläßliche, vertrauenswürdige Größe zu bleiben, ist auch eine Macht. Und die Forderung, die eigenen Maßstäbe von denjenigen erfüllt zu sehen, an die höhere Verantwortung delegiert worden ist, wird unüberhörbar.

Gewiß ist es für alle schwieriger geworden, sich in einem Wandel zu behaupten, in dem die Ökonomie mit ihren rasend weiterentwickelten Technologien zu kommandieren beansprucht, wie sich die Menschen pausenlos verändern sollen, um sich ihren Zwecken anzupassen, während die Menschen ihrerseits darauf beharren müssen, ihre eigenen Zwecke, nämlich die Bedingungen für ein gerechtes und humanes soziales Zusammenleben ganz obenan zu setzen. Erfreulicherweise zeigen die neuen Untersuchungen, daß es offenbar momentan für viele wieder wichtiger wird, mit ihren Gefühlen und sozialen Bedürfnissen im Einklang zu bleiben und bei allen notwendigen Anpassungen eine klare eigene Linie zu finden und zu verfolgen.

ALEXANDER FOITZIK

Event

Ohne Event läßt sich heute nichts mehr verkaufen, erklärt apodiktisch der erfolgreiche Marketingexperte. Und um so ein diffuses kulturelles Phänomen wie die offenkundige Allgegenwart von Events zu verstehen, hört man wohl am besten zunächst auf die, die damit Geld verdienen wollen. Wer, wie es modisch heißt, kein Geld zu verschenken hat, weiß genau zu unterscheiden, was nur Hirngespinst einiger Feuilletonisten oder sprachkreativer Trendforscher ist und wo es wirklich was zu holen gibt.

Das Eventmarketing oder auch Eventmanagement boomt: Der echte Elefant und ein bißchen Prominenz fürs Firmenjubiläum, die Präsentation des neuen Haarshampoos in der Sahara, des neuen Fun-Mobils für den sportlich Ambitionierten in der Antarktis, ein Artisten-Zirkus zum Börsenauftritt, Licht-Laser-Musik-Show und Prosecco-Bar zur Eröffnung der neuen Boutique.

Längst ist der heiß umworbene Konsument der traditionellen Werbe- und Marketingmethoden überdrüssig, gesättigt, übersättigt. Da muß es schon etwas mehr sein: Mitarbeiter, Händler und Kunden wollen vom *Außergewöhnlichen* überrascht, verblüfft, begeistert sein. Produkte, Dienstleistungen, Marken, so das unumstößliche Gesetz, bleiben um so stärker in Erinnerung, je mehr sie mit *Erlebniswerten* verbunden sind. Marken müssen inszeniert, Produkte *emotionalisiert* werden.

Und daher braucht es Events, beziehungsweise das bis ins letzte Detail gelungene Event, denn der erfolgreiche Eventmanager weiß auch um die hohen Ansprüche an sein Metier. Dilettanten haben keine Chance. Der oder das Event – der Duden gewährt großzügig beides – ist Kunst, hoch professionalisiert.

Wenn sich ohne Event vorgeblich nichts verkaufen läßt, kann auf Events nicht verzichten, wer irgend etwas verkau-

fen will. Diese marktwirtschaftliche Erkenntnis aber scheint sich mittlerweile in alle Bereiche des kulturellen Lebens verbreitet zu haben. In den vielfältigsten Spielarten prägen Events das öffentliche Leben. Dem Trend zum Event – oder wäre nicht besser gleich vom Druck zum »Eventisieren« die Rede? – scheint sich niemand entziehen zu können, kein noch so etablierter Anbieter von Kultur-, Sport- oder sonstigen Veranstaltungen. Fast ist, was doch das Außergewöhnliche verspricht, zum *Alltagsphänomen* geworden. Aber schließlich fordern übersättigte »Kunden« , in ihrer Abneigung gegen das schon Bekannte, Gewöhnliche, nicht allein Kosmetikkonzerne, Autobauer und die Tabakindustrie heraus. In einer *Welt der Überfülle* an Waren, Informationen und Unterhaltungsmöglichkeiten steht jeder im unerbittlichen Konkurrenzkampf um *Aufmerksamkeit.*
So erwartet uns beim wöchentlichen Einkauf in der »Shopping Mall« schon am Eingang das verbindlich-lächelnde Versprechen, daß dieser Einkauf zum Event, zum lustvollen Erlebnis werden wird. Events sind ebenso zum absoluten »Muß« der Tourismusbranche geworden. Endgültig vorbei ist die Zeit, in der man einfach nur in ein anderes Land reiste. »Sport- oder Kultur-Events« sind die Renner: Cluburlaub inklusive Formel-1-Rennen oder ATP-Turnier, Aida bei den Pyramiden von Gizeh, am »Originalschauplatz« sozusagen, Christmas-shopping in New York. Erst das besondere Ereignis schafft den erwarteten emotionalen Zusatznutzen, verleiht der Reise den unverzichtbaren *Erlebniswert.* Für den kleinen Kurzurlaub zwischendurch nimmt man gerne gleich einen »Freizeit-« oder »Erlebnispark« , sozusagen das immerwährende Event.
Unübersehbar ist der Trend zum Event im Fernsehen. Um in der kaum noch zu überschauenden Fülle von Angeboten Aufmerksamkeit, sprich »Quote« zu erlangen, setzen die Sender offensiv auf »Medienevents« und auf »Ereignisfernsehen« . Mit »Big Brother«, sogenanntem real-life-TV, hat diese Entwicklung eine neue Stufe erreicht. Die empört-kritische Journaille denunzierte die Live-Sendung aus dem Wohncontainer als Spanner-Show, Medienethiker und Pädagogen sorgten sich um die verführte Jugend, gaben sich

alarmiert. Damit verhalfen sie trotz schwächlicher Dramaturgie dem Medienereignis zu Omnipräsenz in den Medien, einem dümmlichen Konzept zu unglaublichen Quoten und reichlich Nachahmern. Der Wohncontainer in der Nähe Kölns avancierte zum Wallfahrtsort, ein Teil der Containerinsassen zu werbeträchtigen Medienstars. Ein Event läßt sich immer verkaufen.

Offenkundig besteht auch im Sport der Zwang zum Event, zur Umrahmung sportlicher Wettkämpfe mit aufwendigen, durch und durch kommerzialisierten Unterhaltungs- und Erlebnisprogrammen. Längst ist dies nicht mehr nur Sache sogenannter Trendsportarten, den Snowboard-Contests, Streetball-Challenges und Beach(-Volleyball-)Turnieren, bei denen sich von Anfang an alles wundervoll zum Gesamterlebnis mischte: Szenetreff, Rave, Sportartikelmesse, Product-Promotion. Einmal mehr scheint auch hier Amerika Vorbild und Maßstab einer nachholenden kulturellen Entwicklung zu sein. Mit größter Selbstverständlichkeit bleibt beim amerikanischen Football das Geschehen auf dem Rasen ein Aspekt unter vielen. Viel Show, wenig Sport. Wer künftig hier zu fragen wagt, was das ganze noch mit Sport zu tun hat, wird sich als hoffnungsloser Hinterwäldler outen.

Von »Festivalisierung« sprechen Kultursoziologen, wenn sie den Trend zur Eventisierung ganzer Städte beschreiben. Im immer härteren Wettbewerb um Besucher, besonders aber um Investoren scheint nur ein außergewöhnliches »Festival« dem blassen Image einer Stadt zu neuer Farbe, Aufmerksamkeit und Attraktivität verhelfen zu können. Ein Dichter, ein Komponist, ein mittelalterlicher Brauch oder eine andere historische Skurrilität lassen sich immer finden und einstricken in ein vielfältiges Spaßprogramm, von dem der aufwendig-grell-bunte Werbeprospekt verspricht, das für jeden etwas geboten ist.

Unaufhaltsam hat die Eventkultur auch die Bastionen der Hochkultur geschleift. Zum Leidwesen einer eifersüchtigen Bildungselite. Denn geradezu Massen ziehen sie an, die »Lesenächte« und »Literarischen Frühstücke« – und während der Lesung bitte nicht mit dem Geschirr klappern!

Wie Popkonzerte inszenieren junge und schöne Autoren der

deutschen Gegenwartsliteratur ihre Erstlings-Präsentationen. Selbst die Literaturkritik ist der Eventisierung zum Opfer gefallen. Um Literatur geht es nur noch am Rande, rümpfen Kulturpessimisten die Nase und finden in den medial inszenierten Kabalen um die Liebe im »Literarischen Quartett« das beste Beispiel. Alles Show, alles nur Unterhaltung, und vor allem: alles Kommerz.

Selbst das Museum mutierte oder – je nach Perspektive – degenerierte so vom erhabenen Musentempel zum Ort banaler Erlebnislust und Eventorientierung. Angefangen hat es mit dem Museumscafé und dem »Museumsshop« , wo das gerade bestaunte Werk gleich als Handtuch oder T-Shirt mitgenommen werden kann. Mit »Museumsnächten« oder dem Angebot zum »Kunstgenuß auf Inline-Skatern« mußte es enden.

Der Geigenvirtuose lädt zum Picknick im Park, die »Drei Tenöre« zur unvergeßlichen »Nacht« : Man sieht sich an der Champagner-Bar, und quasi nebenbei gibt's auch noch die bekannt-beliebten Häppchen aus einem gefälligen Opernrepertoire; populäre Musikfestivals allerorten, Candle-Light-Dinner, Prominenten-Schaulaufen und Feuerwerk inklusive. Vertreter des traditionellen Hochkultur- und Bildungsmilieus schaudert es angesichts solcher kulturindustrieller Umtriebe. Sie sehen wertvolles Kulturgut instrumentalisiert und banalisiert, kritisieren die totale Anbiederung an die Konsumwelt. Perlen vor die Füße unterhaltungssüchtiger, konsumbesessener Säue, Kultur für Krethi und Plethi!

Am Kulturphänomen »Event« scheiden sich so schnell die Geister. Mit der »Eventisierung« erlangt Hochkultur endlich Züge der Breitenkultur, freuen sich die einen. Endlich öffnen sich miefig-verstaubte Museen kreativ und originell einem sehr viel breiteren Publikum, vor allem auch der sonst abstinenten Jugend. Mit der neuerlichen Event- und Erlebnisorientierung verschwinden die künstlichen Grenzen zwischen Hoch- und Unterhaltungskultur, Pop- und Massenkultur. Für andere ist das dauerstrapazierte »Event« das Reizwort, das für Verfall und Niedergang steht, Symptom und Symbol des totalen Spaßbetriebs.

Mit noch größerer Empörung und Besorgnis reagiert man

aber erst recht auf die kaum noch zu übersehende Eventisierung der Politik auch in unserem Land. Soll künftig dem der Wahlerfolg sicher sein, der gewandet wie Supermann mit dem Fallschirm vor dem Landtag landet? Gleißendes Scheinwerferlicht und der Pop-Ohrwurm zum Einzug des Spitzenkandidaten dürfen offenbar bei keinem Wahlparteitag mehr fehlen, gleich welcher Couleur. Das vordergründige Ereignis ersetzt Programm und inhaltliche Auseinandersetzung. Bald werden auch hierzulande die Wahlen in anspruchslosen Talk-Shows gewonnen, Wahlerfolge zur Frage der richtigen Marketingstrategie.

Allerdings bleibt auch im Reich der Politik die Entwicklung zum totalen Event ambivalent. Wenn es gelingt, Politik etwas anders zu inszenieren, zum Politevent zu machen, finden Themen zu einer breiteren Öffentlichkeit, die sonst eher Gefahr laufen unterzugehen: von »Rock gegen Rechts« und »Live-Aid«-Konzerten, über Sternwanderungen, »global marches« zu den übers Internet organisierten Lichter- oder Menschenketten. Mit solchen Events lassen sich oft auch solche erreichen, die den gewohnten, eingeschliffenen (partei-)politischen Prozessen und Prozeduren eher distanziert bis ablehnend gegenüberstehen. Schließlich nehmen auch die Veranstalter des jugendkulturellen Mega-Events schlechthin, der Berliner Love-Parade, für sich in Anspruch, eine politische Veranstaltung zu sein. Oder ist dies nur ein Produkt der dieser Szene so eigenen und oft mißverstandenen (Selbst-)Ironie?

Offenkundig hat der Trend zum Event selbst den religiösen Bereich, gar die etablierten Kirchen erfaßt. Wie sonst ließen sich die perfekt inszenierten Jugendfestivals der sogenannten neuen geistlichen Gemeinschaften beschreiben oder die Massenevangelisierungsveranstaltung »Pro Christ« und der »Jesus-Tag 2000«. Zu letzterem versammelten sich 50 000 Christen aller Konfessionen und aus ganz Deutschland in Berlin, um, so ein Veranstalter, Spaß zu haben und einen positiven christlichen Spirit zu verbreiten.

Als schlicht alternativlos werden die einen solche religiösen Events akzeptieren. Was soll man schon machen, wenn nun einmal ohne Event nichts mehr zu verkaufen ist? Wenn nur noch das inszenierte Erlebnis Zugang zu dem in einer grellen und lärmenden Welt blind und taub gewordenen Zeitgenossen verschafft. Andere werden sich eher sorgen, ob selbst den Kirchen in unserer Zeit das Vertrauen in die Attraktivität ihrer traditionellen Formen abhanden gekommen ist, zumindest wenn es um die verloren geglaubte junge Generation geht.

Die letztjährigen XV. Weltjugendtage in Rom ließen säkulare Beobachter ungläubig staunen. In ihrer Verwunderung blieb ihnen nur der Rückgriff auf exakt jene Trend-Terminologie, mit der sonst die »Love-Parade« kommentiert wird: Vom römischen »Mega oder Giga-Event« war die Rede und von »Popeboys and Popegirls«. Zwei Millionen euphorisierte Jugendliche hatten bei der Abschlußveranstaltung Johannes Paul II. bejubelt und ihm in Sprechchören ihre bedingungslose Liebe erklärt. Einer sonst gerne als weltfremd und verstaubt apostrophierten Kirche attestierte man nun eine brillante Inszenierung und Dramaturgie.

Ein großer Showman, lobte wenig später Bono Vox, Sänger und Kopf der irischen Rockband U2, den Papst – unter Kollegen sozusagen. Immerhin war die CD des Papstes »Abba Pater« (mit Video-Clip vertrieben, selbstverständlich!) nicht nur ein Novum der Kirchen- und Papstgeschichte, sondern weltweit auch ein richtiger Kassenknüller. Mit einem perfekt (medial-) inszenierten gemeinsamen Auftritt gelang es Bono und dem Papst aber auch, das Interesse der Weltöffentlichkeit auf ein hochkomplexes und damit sonst kaum vermittelbares politisches Thema zu lenken: die skandalöse Auslandsverschuldung der ärmsten Länder der Erde.

Der *inflationäre Gebrauch* des Modeworts Event, insbesondere die Penetranz in der Werbelyrik der Unterhaltungs- und Freizeitindustrie, provozieren Zweifel und Rückfragen. Wird nicht einfach nur Altbekanntes und Gewohntes zeitgeistig umetikettiert, wo unterschiedlichste Veranstaltungen plötzlich alle als Event verkauft werden? Heißt jetzt Event, was früher schlicht und spröde als Fest bezeichnet wurde, als Gala, Ausstellung, als Cup oder Turnier? Oder ist es umgekehrt, und der wohlfeile Gebrauch des Wortes weit über die ihm ursprünglichen jugendkulturellen Szenen hinaus kaschiert nur die schiere Verlegenheit gegenüber neuen und noch nicht so ganz durchschauten Veranstaltungs- und Sozialformen? Oder will, wer das Modewort strapaziert, erst einmal nur sein Dazugehören zur Szene, zum Trend, ein Auf-der-Höhe-der-Zeit-Sein markieren?

Vor allem aber, was ist denn so neu, so »zeitgeistig« an diesen Events? Diese Frage stellen sich keineswegs nur mißgünstige Kulturpessimisten. Vordergründig »neu« ist zweifelsohne die Entwicklung zur *totalen Kommerzialisierung*. Auf Anbieterseite stehen hinter den zum Event erklärten Veranstaltungen und Festen meist massive wirtschaftliche Interessen. Die Behauptung, ohne Event lasse sich nichts verkaufen, stimmt auch in ihrer Umkehrung: Wo ein Event geboten wird, will immer einer etwas verkaufen. Früher hätte man manches Event daher wohl transparenter als gutgemachte Verkaufs- oder Werbeveranstaltung bezeichnet.

Jedenfalls scheint sich mit dem Trend zum Event die in kulturwissenschaftlichen Theorien dem Fest als wesentlich zugeschriebene *Zweckfreiheit* immer mehr aufzulösen. Warum sollte aber auch in einer Gesellschaft, in der nahezu alle Lebensbereiche der *ökonomischen Rationalität* folgen, die Fest- und Feierkultur vom Prinzip der Gewinnsteigerung ausgenommen sein?

Aber wer will bestreiten, daß nicht auch früher schon Veranstaltungen, Feste und Feiern genau die Kennzeichen und Merkmale ausgewiesen haben, die heute Eventmanager und Trendforscher dem Event zueignen: das Versprechen des Außergewöhnlichen, Einzigartigen, Beglückenden, eine emotionale, fast schon euphorisierende Atmosphäre, die Ansprache aller Sinne in einer Vielzahl von Erlebnismöglichkeiten und -formen auf engstem Raum und zu gleicher Zeit, in kultursynkretistischer Vermischung unterschiedlichster ästhetischer Ausdrucksformen.

Wenn man solche Charakteristika zugrunde legt, ließen sich doch mehr oder weniger alle religiösen Riten, Feste und Feiern als Events bezeichnen. Man denke nur an die höchst ereignisreichen und erlebnisintensiven Wallfahrtstraditionen, die vielfältigen Prozessionsbräuche, Kirchweihfeiern – Feste für Leib und Seele gleichermaßen, Unterbrechung des

Alltags, Höhepunkte, auf die man sich lange vorher freute und von denen man ebenso lange zehrte.
Welch komplexes Erlebnisangebot boten traditionelle Stadtfeste! Und, etwas provokanter gefragt, hat man sich nicht beispielsweise in totalitären Regimen perfekt auf die Organisation von Politevents verstanden, mit Fackel und Fahne? Auch der Experte gibt den Kritikern des Kultes um die Eventkultur recht. Aus historischer Perspektive erweist sich das Event nur als eine *spezifische Variante des Festlichen*, als eine unter vielen; aber etwas Neues ist das Event in diesem Sinne nicht. Auch die römischen Gladiatorenkämpfe, die mittelalterlichen Narren- und Eselsfeste, die großen höfischen Festspektakel des Absolutismus, die französischen Revolutionsfeiern oder auch die organisierten festlichen Masseninszenierungen des sozialistischen Staates ließen sich ohne weiteres als Events begreifen, erklärt etwa der Soziologe und Eventforscher Winfried Gebhardt. Das eigentlich Neue, das zeigt die wissenschaftliche Analyse dieses Trends, ist die *beschleunigte Eventisierung* der Fest- und Veranstaltungslandschaft in unserer post- oder spätmodernen Gesellschaft.
Anfang der neunziger Jahre hat der Bamberger Soziologe Gerhard Schulze mit dem Schlagwort von der »Erlebnisgesellschaft« der kulturkritischen Debatte ein Stichwort gegeben, dem eine beispiellose Karriere beschieden war. Offenbar besitzt der Begriff höchste Plausibilität und enorme Suggestivkraft. Was nur als nüchterne, nur beschreibende soziologische Kategorie für eine neue Entwicklungsstufe unserer Wohlstandsgesellschaft gedacht war, brachte doch auch so treffend das tiefgehende Unbehagen der notorischen Spielverderber auf den Punkt. Die Erlebnisgesellschaft oder – mit noch eindeutigerer Aussageabsicht – die »Spaßgesellschaft« wurde schnell auch zum Synonym für ein Leben nach den Gesetzen der Freizeit- und Unterhaltungsindustrie, für den Trend zur völligen Sinnentleerung, zum Synonym für Oberflächlichkeit, Hedonismus und Konsumbesessenheit.
Mit dem Schlagwort Erlebnisgesellschaft sind aber auch all die gesellschaftlichen Entwicklungen und Prozesse beschrie-

ben, die die diagnostizierte Eventisierung der Gesellschaft beschleunigen, eine »Eventkultur« allererst entstehen lassen. Mit dem ihm charakteristischen *Versprechen des totalen Erlebnisses* ist das Event geradezu die typische Vergemeinschaftungsform der »Erlebnisgesellschaft«.

Denn »Erlebe Dein Leben!« lautet der unbedingte Imperativ der Erlebnisgesellschaft. Entbunden von der Sorge um materielle Existenzsicherung und damit zunehmend »innenorientiert« , befindet sich das Gros der Zeitgenossen permanent auf der Suche nach dem unmittelbaren Glückserlebnis, dem »Kick«. Allerdings hatte der altbekannte Spruch, daß jeder seines Glückes Schmied ist, noch nie eine solche Aktualität, noch nie eine solche Brisanz wie in der hochgradig individualisierten und pluralisierten Erlebnisgesellschaft.

Denn das ist das Problem eines Lebens in der Erlebnisgesellschaft: In der rastlosen Jagd nach Glück durch Erleben ist jeder Jäger allein. Glück ist Privatsache. Jeder hat selbst und für sich alleine zu entscheiden, wann und wie er glücklich ist. Auf der Suche nach dem »schönen Leben«, nach Optimierung des Wohlbefindens gibt es keine überindividuelle, erst recht keine religiöse Ordnung mehr, die dem Individuum Sinn und Zweck seines Daseins verbindlich vorgibt.

Die Gemeinschaftsformen der Erlebnisgesellschaft sind so flüchtig, zerbrechlich. Nicht mehr die gemeinsame soziale Lage entscheidet über Gruppen- und Gemeinschaftsbildung, sondern ähnliche Lebensziele beziehungsweise »Lebensstile«. Während sich die traditionellen Milieus auflösen, entstehen über verschiedene ästhetische Ausdrucksformen und Erlebnismuster neue »Milieus«; im Alltagssprachgebrauch würde man »Szenen« sagen. Jede dieser Szenen aber hat ihre spezifischen Events, konstituiert sich über diese Events, findet über diese Events zu ihrer eigenen flüchtigen Identität.

Als eine Facette der Erlebnisgesellschaft ist die Eventkultur durch drei Entwicklungen geprägt, die der Eventforscher mit den Schlagworten der *Deinstitutionalisierung, Entstrukturierung* und *Profanisierung* zu fassen suchen. Deinstitutionalisierung bedeutet: die vom Staat und anderen klassischen, politischen, ökonomischen und kulturellen Institutionen veranstalteten Feste und Feiern weden nicht mehr akzeptiert. An deren Stelle treten offenere, in Ziel, Sinn und Zweck unverbindlich bis diffus bleibende Gemeinschaftserlebnisse. Entstrukturierung meint, daß, so wie die traditionellen Milieus ohnehin zerbrechen, sie auch keinen Einfluß mehr auf die Entstehung von Eventgemeinschaften haben. Gleichermaßen verschwimmen die einstmals klaren Grenzen zwischen repräsentativer und populärer Kultur, zwischen »hochkulturellen« und »massenkulturellen« Veranstaltungen.

Die Ablehnung alles Objektiven, Vorgegebenen und normativ Verbindlichen im Fest ist mit dem Stichwort Profanisierung beschrieben. Im Vordergrund stehen nun statt dessen die subjektive Wahl, das Nutzlos-Spielerische, die Möglichkeit zum Sich-gehen-Lassen. Die Feste der Erlebnisgesellschaft sind ideologie- und weltanschauungsfrei. Ein Event ist ein Event, kein mit irgendeinem Sinn aufgeladenes gesellschaftliches Ereignis. »I feel good« heißt die Botschaft. Es geht um die Suche nach dem individuellen Vergnügen, nach dem guten Gefühl, Spaß und Nervenkitzel – eben selbst bei politischen Events oder Veranstaltungen, die man früher umständlich genug »Wohltätigkeitsveranstaltungen« nannte.

Es muß aber auch kein mißgünstiger Spielverderber sein, wer auf die Fragwürdigkeit des im Event versprochenen totalen Erlebens verweist. Die Eventkultur ist für den erlebnishungrigen, »erlebnisrational« handelnden Zeitgenossen ebenso »risikoreich« wie das Leben in der Erlebnisgesellschaft überhaupt. Und zwar im doppelten Sinne: Einerseits hat er mit der Unsicherheit fertig zu werden, wählen zu müssen, welche Erlebnisbedürfnisse er überhaupt und wie er sie befriedigen soll. Die Möglichkeiten sind grenzenlos.

Zum anderen birgt die Suche nach dem Glück und Wohlbefinden verheißenden Erlebnis selbstredend auch ein Enttäuschungsrisiko und neue Zwänge und Ängste. Allen voran die vielfach zu beobachtende Angst, irgend etwas zu verpassen oder nicht dabei zu sein. Nur mit Grauen oder wohlwollendem Mitleid läßt sich so der längst zum Schlagwort

gewordene Freizeitstreß beobachten, in den sich heute besonders mancher Jugendliche begibt – offenbar nur vordergründig freiwillig.
Welches Enttäuschungsrisiko aber bergen die inflationär angebotenen Events mit ihrem Versprechen des totalen Erlebens! Events müssen definitiv einzigartig und außergewöhnlich sein. Der erfolgreiche Eventmanager weiß: Erlebniskonsumenten sind tendenziell unerbittlich, verlangen nach immer Neuem, immer nach dem noch nie Dagewesenen. Und es liegt sozusagen in der Natur der Sache: Das erfolgreiche Event läßt sich nicht wiederholen, sondern immer nur steigern und überbieten. Im massenhaften, inflationären Angebot von Events aber wird solche Steigerung immer problematischer. Und unter dem Zwang zum Sensationellen scheint der Griff auf ethisch fragwürdige Methoden der Reizsteigerung fast unausweichlich.
Woran sollte sich nun eine Bewertung dieses vielfältigen Trends zum Event orientieren? An eben diesem Enttäuschungsrisiko und den damit zwangsläufig verbundenen vielfältigen Möglichkeiten zur Entgleisung, an der kommerziellen Verzweckung oder häufigen Sinnleere? Oder läßt sich – ketzerisch gefragt – in der gegenwärtigen Eventkultur zwar das Wehen des Zeitgeistes, aber auch ein Zeichen der Zeit entdecken? So wie sich die Kirche in der Pastoralkonstitution »Gaudium et spes« des Zweiten Vatikanischen Konzils, immer noch revolutionär, selbst verpflichtet hat: nämlich allezeit »nach den Zeichen der Zeit zu forschen und sie im Licht es Evangeliums zu deuten«.
In diesem Sinne haben Theologen wie der in St. Augustin lehrende Hermann Kochanek die »Erlebnisgesellschaft« als Herausforderung für Christentum und Kirche aufgenommen. Für den Pastoraltheologen besitzt der Drang zum Erlebnis gar einen religiösen Charakter. Denn wer wollte auch bestreiten, daß dieser Drang – manchmal auch Zwang – mit einem zentralen Bedürfnis des Menschen korrespondiert, nämlich der *Sehnsucht nach einem ganzheitlichen und damit heilen Leben*. Wer den erlebnishungrigen Zeitgenossen verstehen will, muß den enormen einseitigen Druck sehen, dem dieser nicht nur in seinem Beruf, sondern in praktisch allen

Lebensbereichen ausgesetzt ist: durch die vehement fortschreitende Rationalisierung, Technisierung und Mobilisierung.
In dieser Spur aber läßt sich die Eventkultur als Zeichen der Zeit begreifen, wie auch ihre Ambivalenzen, ihre Risiken aufgedeckt werden können. Wer will dem erlebnisorientierten Zeitgenossen solche weiteren, tiefergehenden Bedürfnisse und Wünsche per se absprechen: das Bedürfnis nach Unterbrechung des Alltags, seiner Routinen und Zwänge; den Wunsch, im Erlebnis des Einzigartigen Sinn, eine Orientierung für das eigene Leben zu finden; sowie die Hoffnung, dieses Erleben auch in einer Gemeinschaft zu erfahren – einer Gemeinschaft, die im gemeinsamen Erleben sich selbst je neu so festigt, daß sie für den einzelnen auch in den Alltag hinein je neu Bedeutung und Verläßlichkeit gewinnt.
Eine Deutung dieses Zeichens der Zeit vom Evangelium und einer reichen und vielfältigen christlichen Fest-Tradition her verpflichtet zur Anwaltschaft für eben jene Bedürfnisse und Wünsche. Eine »Herrschaftskritik« der Eventkultur muß an der Veralltäglichung des festlichen Erlebnisses im massenhaften, inflationären Angebot ansetzen, ebenso wie an seiner kommerziellen Verzweckung und am scheinbaren Ersatz solidarischer und verläßlicher Gemeinschaften durch ein zufälliges Zusammensein in der Befriedigung partikularer Unterhaltungs- und Freizeitinteressen.
Den Standpunkt, von dem aus diese anwaltschaftliche Auseinandersetzung geführt werden kann, hat der Theologe und brillante Essayist Josef Pieper in seiner programmatisch mit »Zustimmung zur Welt« betitelten Theorie des Festes Anfang der sechziger Jahre mit bleibender Überzeugungskraft beschrieben. In der Auseinandersetzung mit, wie er es nennt, »Pseudofesten«, besteht er auf der Gültigkeit des alten Psalmworts, welches das Fest einen Tag nennt, den der Herr gemacht hat (Ps 117, 24). Dieser Satz bleibe wahr, weil der Mensch wohl die Feier, nicht aber das Zu-Feiernde machen kann, nicht den festlichen Anlaß und nicht den Grund zu feiern. Das Glück des Erschaffenseins, die seinshafte Gutheit der Dinge, die Teilhabe am Leben Gottes, die Überwindung des Todes – all diese Anlässe der großen überlie-

ferten Feste seien schlechthin Geschenk. »Weil aber niemand sich selber etwas schenken kann, darum kann es auch kein wirkliches Fest geben, das ganz und gar menschliche Gründung wäre.«

Lukas Niederberger

Individualität

Über das Wetter reden wir meistens dann, wenn seit mehreren Tagen Regen oder Schnee fällt oder wenn draußen dichter Nebel liegt. Über unsere Gesundheit denken wir dann nach, wenn ein Organ oder Gelenk zwischen Fuß und Hirn nicht mehr 100prozentig funktioniert. Und über den Umgang mit der Zeit stellen wir uns dann ernsthafte Fragen, wenn uns die Zeit fehlt und davonrennt.

Wir reden und reflektieren mehr über das, was wir vermissen, was uns schmerzt oder was wir als negativ und belastend erfahren als darüber, was gut läuft, was uns freut, was wir gerne tun oder was wir ersehnen.

Darum habe ich etwas gestutzt, als ich angefragt wurde, hier über das Thema Individualität zu schreiben. Spontan fragte ich mich: Ja, stimmt denn was nicht mit unserem Verständnis von Individualität, daß man darüber ernsthafte Gedanken anstellen muß? Ist es also wie mit dem Wetter und der Gesundheit und der Zeit: daß die Individualität auch darum Thema ist, weil etwas mit ihr nicht so ganz stimmt?

Mir begegnen im Alltag immer wieder zwei ganz unterschiedliche Seiten von Individualität. Ich möchte darum nicht in das bekannte Klagelied verfallen über den erschreckenden Individualismus, der sämtliche Generationen wie ein Virus befällt, sondern versuche zu verstehen, warum Individualität heute immer öfter Thema ist und wie wir den Begriff neu positiv füllen können.

Im einen Moment fasziniert mich unser individueller Lebensstil, und im nächsten kann er mich bereits wieder erschrecken. Einige Beispiele mögen dies etwas erläutern:

Ich blicke zum Beispiel neidisch auf meinen 8-jährigen Neffen, der in einer Schulklasse ist, die nur halb so viele Schüler zählt wie meine damalige Klasse vor 30 Jahren. Seine Lehrerinnen gehen stark auf seine Interessen und Talente ein, und er wird in gewissen Fächern mit speziellen Kursen und Programmen gefördert. Die Schule und das Lernen bereiten ihm großen Spaß. Das Lernen ist nicht mehr so stark ein Wettkampf von jedem gegen jeden, auch das Erarbeiten von Themen im Team wird heute ganz anders gefördert. Das sind für mich hoffnungsvolle Zeichen und ein Beleg dafür, daß die Förderung von Individualität nicht auf Kosten von Teamfähigkeit gehen muß – im Gegenteil.

Eine ganz andere Form von Individualität oder besser von Individualismus tritt mir entgegen, wenn ich auf einer Landstraße entlangspaziere und alle paar Meter leere Marlboro-Schachteln, Cola-Dosen und McDonalds-Pappbecher am Wegrand liegen sehe, die direkt aus dem Autofenster geworfen wurden. Es ist nicht nur so, daß es mich nervt, sondern es stimmt mich traurig. Ich frage mich: Welche Mentalität, welches Bild von der Welt steckt in Menschen, die mit der Umwelt so umgehen, als wäre sie nur noch für unsere Generation bestimmt? Das kann doch unmöglich gemeint sein mit Individualität: daß man nur noch sich selber und die eigenen Bedürfnisse sieht und gedankenlos auf Kosten der Umwelt und Nachwelt lebt.

Die Individualität ist sicher auch deshalb ein Machtwort unseres Zeitgeistes geworden, weil es heute möglich ist, nicht nur Schafe wie die berühmte Dolly zu klonen, sondern auch andere Tiere und sogar Menschen zu klonen. Da ich konstant zu wenig Zeit für alles habe, habe ich mir zwar auch schon gewünscht, ein paar Klone zu haben, die ich zu Sitzungen und Geschäftsessen senden könnte. Aber die Vorstellung, daß wie im bekannten Klassiker »Schöne Neue Welt« von Aldous Huxley lauter Kopien von mir herumlaufen, ist fürchterlich. Ich fand es schon schlimm, als meine Geschwister und ich und speziell meine Zwillingsschwestern oft in identischen Kleidern herumlaufen mußten.

Mir geht es auch nicht gut, wenn ich große Militärparaden sehe oder Massenhochzeiten der Mun-Sekte oder Bilder von Konzentrationslagern: Sie sind Ausdruck einer Unfähigkeit, mit Verschiedenheit und Individualität umzugehen. Alles wird gleich gemacht, der Mensch wird zur Uniform, einförmig, eine Nummer, ein austauschbares Ding.

Dank der Technik treibt die Individualität manchmal auch

lustige Blüten. Seit einigen Jahren versenden Firmen ihre Werbung höchst individuell. Die Briefpost und Prospekte scheinen mich ganz persönlich anzusprechen, manchmal steht sogar noch »streng vertraulich« oder »persönlich« auf den Umschlag gedruckt. Und kommt die Post per e-mail aus den USA, werde ich gleich beim Vornamen angesprochen, als würde ich den Absender seit meiner Jugendzeit kennen. Aber es gibt dann und wann lustige Beispiele, die mir wieder klar machen, daß ich nur ein Computer-Adreßdatei-Produkt bin und nicht so ganz individuell gemeint sein kann, wenn etwa der Begleitbrief zum Katalog einer Möbelfirma die nette Anrede trägt: »Grüß Gott, Frau Jesuitengemeinschaft«; oder wenn eine Volkshochschule in ihrer Werbung für Kurse mich mit »Lieber Herr Bildungshaus« anspricht.
Individualität ist nicht nur im gesellschaftlichen Leben ein viel diskutiertes Thema. Auch die verschiedenen Stimmen in meiner Brust sind im regen Austausch darüber, wieviel Individualität sinnvoll und notwendig ist und wo sie mir und anderen mehr Schaden als Nutzen bringt.
Auf der einen Seite steckt in mir das alte Herdentier. Ich lebe zwar nicht mehr in einer Sippe, aber suche dann und wann gerne das Bad in der Menge. So einmal im Jahr fühle ich mich ganz wohl als anonymer Zuschauer im Fußballstadion oder beim Karneval. Auch fühle ich mich im Gewimmel des Supermarkts nicht verloren. Und ich lege auch keinen Wert darauf, daß mich die Dame an der Kasse mit Namen kennt.
Auf der anderen Seite scheue ich die Menschenmassen oft wie der Teufel das Weihwasser. In meiner Brust wohnt nebst dem Herdentier auch ein unverbesserlicher Einzelkämpfer: Ich will meinen ganz persönlichen Stil entwickeln und will meinen eigenen Weg gehen. Ich bekomme Gänsehaut, wenn ich Postkarten aus Rimini erhalte, wo 20 Reihen Liegestühle und klotzige Hotelkomplexe am Sandstrand abgebildet sind. Wie kann man sich da bloß erholen? Mir kommt das Schaudern, wenn ich in fremde Wohnungen komme und genau weiß, bei welcher Möbelfirma die Wohnwand im Salon per Katalog bestellt worden ist. Und ich gehe absichtlich in keine Hollywood-Kassenknüller, bloß weil überall darüber

geredet wird. Und wenn ich in Gruppen unterwegs bin, setze ich mich so oft als möglich ab. Die Masse zieht mich an und sie stößt mich gleichzeitig ab.

Und gerade dieses zwiespältige Verhältnis zur Masse und zu einer Welt, die immer mehr die Massenkultur fördert, zwingt uns, die Frage der Individualität und der Identität immer neu zu stellen.

Wenn wir heute die Worte *Individuum* und *individuell* gebrauchen, so meinen wir damit in der Regel eine Form von Freiheit und Selbstbestimmung, wo die gewohnten Orientierungen der Gesellschaft nicht mehr viel zählen. Nach unserem modernen Individualitätsverständnis bestimmen uns nicht mehr die Familientraditionen oder gesellschaftlichen Normen, nicht die sozialen Milieus oder Instanzen, sondern wir bestimmen uns selbst.

Der gleiche Mensch sehnt sich nach der Gleichheit mit anderen und nach dem Besonderssein. Ein Widerspruch? Unser Verhältnis zur Individualität ist nicht eindeutig. Der moderne Mensch ist ein einzelkämpferisches Herdentier.

Wir kennen den selbstbezogenen Individualisten, der nach dem Schlagertext lebt:

Ich, ich und nochmals ich
Und als Erfüllungshilfe du
Und wenn nicht du, dann du.

Ich bin aber überzeugt, daß diese Form von Individualismus kein endgültiges, nachhaltiges Phänomen bleiben wird. Sie bildet eher eine notwendige Übergangsphase. Jeder Übergang und Veränderungsprozeß bedeutet Krise, Gefahr und Chance zugleich.

Hüten wir uns davor, die gute alte Zeit zu idealisieren, wo es noch keinen Individualismus gab. Um es ironisch zu sagen: Nostalgie ist die Fähigkeit, darüber zu trauern, daß es nicht mehr so ist, wie es früher nicht gewesen ist. Früher hieß es einfach: »Das macht *man* so« oder : »*es* war schon immer so« oder: »das haben *wir* noch nie so gemacht.« Dieser Zwang zur Anpassung und Gleichmacherei war an sich nur das gegenteilige Extrem zum Individualismus heute, also die Kehrseite derselben Medaille. Ich bin überzeugt, daß sich das Pendel nach der Phase des Zwangs zur Anpassung und

der heute dominierenden Ich-Bezogenheit wieder irgendwo in einer vernünftigen Mitte einschwenken wird.
Der Drang nach Individualität ist aus meiner Sicht weniger eine Gefahr, sondern eher ein notwendiges Übergangsphänomen. Und sie ist auch kein Produkt des 20. oder gar 21. Jahrhunderts. Bereits mit Beginn der Neuzeit vor 500 Jahren rückte das Individuum in den Vordergrund – und zwar in einem sehr positiven Sinn. Philosophen und Staatsdenker betonten im 16. Jahrhundert erstmals die Würde des Einzelnen und die Freiheit des Subjekts. Aus diesem Gedankengut entstanden die Menschenrechte als Schutz des Individuums gegenüber der staatlichen Gewalt. Adam Smith propagierte dann im 18. Jahrhundert mit dem ökonomisch begründeten Liberalismus das andere Extrem, daß nämlich das Wohl des Individuums das höchste Ziel ist und daß der Staat nur als Mittel zum Zweck dient. Diese Ideologie hat sich tief in unseren Knochen verankert und prägt unsere Gesellschaft nicht nur zum Besten.
Wenn das gesellschaftliche Pendel heute ganz klar in Richtung Individualismus ausschlägt, so dürfen wir, wie gesagt, annehmen und hoffen, daß es eine vorübergehende, emanzipatorische Gegenreaktion ist auf eine Zeit, in der man sich zu stark den Normen der Masse angepaßt hat oder anpassen mußte.
Wichtiger ist es mir aufzuzeigen, daß unsere Individualität gar nicht zwingend in Gefahr geraten muß, wenn wir in der Masse leben, arbeiten und konsumieren. Gerade das Gegenteil kann der Fall sein. Unsere Individualität kann sogar um so größer werden, je mehr wir das Leben in der Masse bewußt wahrnehmen und annehmen.
Gibt es dafür Beispiele? Ist eine Massenveranstaltung vorstellbar, bei der die Teilnehmer im Bad einer riesigen Menschenmenge versuchen, gleichzeitig völlig originell, schräg und einzigartig daherzukommen?
Mir ist dazu spontan die Love-Parade in Berlin eingefallen. Gerade bei diesem Spektakel, an dem Hunderttausende im selben Rhythmus wippen, will jeder und jede besonders sein, will sich verwirklichen, will als einzigartig gesehen werden, möchte ein Star sein.

Dieses Phänomen, gleichzeitig besonders, einzigartig, individuell sein zu wollen und doch auch gleich zu sein wie die anderen, zeigt unser ambivalentes Verhältnis zur Individualität. Und es ist kein Produkt des 20. oder gar 21. Jahrhunderts.
Seit der Mensch systematisch zu denken begann, versucht sich der Einzelne im Verhältnis zur Masse, zur Gesellschaft und zur Welt jeweils neu zu definieren. So überrascht es auch nicht, daß bereits die ersten großen Philosophen Platon und Aristoteles den Menschen als »zoon politikon«, als soziales Wesen, also das Individuum im Verhältnis zur Masse definiert haben.
Und im Verlauf der Menschheitsgeschichte, der Philosophie und Soziologie tauchte immer mal wieder die Frage auf, ob das Individuum mehr für die Masse geschaffen sei oder ob die Gesellschaft primär dem Wohl des Einzelnen dienen müsse.
Heute können wir die Frage, ob der Mensch mehr Individuum oder Gesellschaftstier ist, völlig harmlos und ohne Risiko stellen. Wir sollten uns aber bewußt sein, daß gerade diese Frage, ob der Einzelne für die Gesellschaft oder der Staat für das Individuum da ist, jahrzehntelang der Zankapfel war zwischen westlich-liberaler und östlich-kollektiver Ideologie.
Der scheinbare Widerspruch zwischen dem Wunsch nach Einheit und Gleichheit in der Masse und der Sehnsucht, besonders und einzigartig zu sein, läßt sich auflösen, wenn man auf die ursprüngliche Bedeutung des lateinischen Wortes »Individuum« sieht.
In der Mathematik haben wir gelernt, zu addieren und zu substrahieren, zu multiplizieren und zu dividieren: Das Dividieren steht für teilen und trennen. Das entgegengesetzte lateinische Wort »In-dividuum« bedeutet dagegen »unteilbar, untrennbar«. Das Individuum ist demnach ein unteilbares, untrennbares Wesen, eine kleinste Einheit, sozusagen ein gesellschaftliches Atom.
Daraus folgt, daß der Mensch, der im ursprünglichen Sinn des Wortes in-dividuell ist oder sein will, gerade nicht der ist, der vor allem nach Selbstbestimmung und Loslösung

von gesellschaftlichen Normen strebt. Der wahrhaft individuelle Mensch ist sich vielmehr seiner Un-Geteiltheit bzw. seiner Ganzheit bewußt. Echte Individualität besitzt also, wer in sich Kopf, Herz und Hand, Verstand, Gefühle und Handeln zu einer tiefen Einheit bringt. Der individuelle Mensch, das wahre Individuum ist quasi aus einem Stück geschaffen und hat eine Beziehung zu sich selbst. Der individuell-ungeteilte Mensch versucht in sich die verschiedenen Stimmen und Persönlichkeitsanteile, anima und animus, Yin und Yang, die weibliche und die männliche Energie in Balance zu bringen und in ein Ganzes zu integrieren.

Der Psychologe Carl Gustav Jung sprach in diesem Zusammenhang von der sogenannten Individuation. Damit meinte er die persönliche Entwicklung des Menschen, die ihn zu sich selbst führt und als unteilbare Monade, als ungeteiltes Wesen erfahren läßt.

Als Individuum im ursprünglichen Sinn des Wortes bin ich aber auch in-dividuum, unteilbar, ungetrennt nach außen. Wahre Individualität erfahre ich da, wo ich mich nicht nur nach innen ungeteilt, als »In-dividuum« erfahre, sondern wo ich auch die wesenhafte Verbundenheit nach außen spüre mit allen anderen Lebewesen.

Wahre Individualität im Sinn der Ungeteiltheit erfahre ich da, wo ich mich auch zutiefst verbunden erfahre mit der ganzen Menschheit, mit dem Universum und der letzten Wirklichkeit. Meine Individualität ist da am stärksten, wo mir von innen her ein Licht aufgeht: Alles ist eins, ich bin eins mit allen und allem.

Die Ungeteiltheit oder die innige Verbundenheit mit allem Leben ist nicht nur schön und bequem. Wenn ich erfahre, daß ich wesenhaft Teil der Erde bin und wie eine Zelle im Leib der Menschheit, dann verliere ich auch den schützenden Abstand zum Leiden und zur Not in der Welt.

Eugen Drewermann hat diese Erfahrung einmal mit einer provokativen Bemerkung auf den Punkt gebracht. Er schreibt: »Wenn in Ihrem Nachbarhaus ein Mensch verhungert, Sie wüßten das und hätten dagegen nichts getan, würde man Sie wegen unterlassener Hilfeleistung verklagen. Wenn derselbe Mensch aber 2000 Kilometer weiter im Süden stirbt, ändert das am Sachverhalt irgend etwas? Außer daß ein paar künstlich gezogene Grenzen dazwischenliegen? Doch diese Grenzen sind immer noch das Alibi für alles.«

Ich meine, daß es nicht nur darum geht, ob und wie weit wir für das Leiden in der Welt die Verantwortung tragen. Mir ist das Beispiel wichtig, weil es letztlich um eine spirituelle Erfahrung geht. Wenn ich mich als eins erfahre mit allem Leben, dann erschüttert mich das Leiden der Welt und der Menschen, ob es nun wenige Meter oder Tausende Kilometer von mir entfernt geschieht.

Menschen, die sich als Zellen der Welt erfahren, können von Bildern der Tagesschau oder bei der Zeitungslektüre tief erschüttert werden. Sie spüren: Die Kriege und die hungernden Menschen sind nicht mehr weit weg, sondern diese Menschen, die Gewalt und Armut hat mit mir zu tun, sie sind ein Teil von mir und ich bin ein Teil von ihnen.

Aus dieser tiefen Erfahrung von Einheit allen Lebens heraus ist es möglich, daß ich wahres Mitgefühl und Mitleid im Sinne des Mitleidens mit anderen entwickeln kann. Der mitfühlende und wache Mensch ist mit dem Leben und mit der Welt zutiefst und wesenhaft verbunden. Und das ist wahre Individualität.

An diesem Punkt wage ich den Begriff der Individualität zu definieren, auch wenn diese Definition etwas kompliziert klingt: Zunächst die Definition dreimal negativ ausgedrückt und dann in etwas positiveren und einfacheren Formen:

Individualität ist die erworbene Unfähigkeit, zu trennen, was scheinbar nicht zusammengehört.

Etwas positiver ausgedrückt:

Individualität ist die erworbene Unfähigkeit, zu trennen, was vom Wesen her seit jeher zusammengehört.

Oder noch positiver und einfacher:

Individualität ist die Fähigkeit, das als eins zu erkennen, was wesentlich eins ist.

Wie aber schaffe ich nun die Verbindung der ursprünglichen Bedeutung der Individualität als wesenhafte Verbundenheit des Einzelnen mit allem Leben einerseits und dem zeitgenössischen Sprachgebrauch im Sinne des Besonders- und

Einzigartigseins von Menschen, Firmen, Ferienprogrammen, Portfolios oder Zimmereinrichtungen andererseits?
Das deutlichste Beispiel dieser Entwicklung sind wir selber. Als Babies haben wir alle diese Erfahrung gehabt, ganz eins zu sein. Wir waren eins mit der Mutter, da gab es nicht ein Ich und ein Du, ein Hier und ein Dort, alles ist eins. Es dauert fast zwei Jahre, bis das Kind sich als etwas von der Mutter und der Umwelt Getrenntes erfährt und irgendwann zum ersten Mal »ich« sagt. Und im Laufe der weiteren Entwicklung findet das Kind nach und nach heraus, daß es anders ist als die anderen Kinder. Die Augen, die Haarfarbe, die Größe ist anders, Mädchen unterscheiden sich von Jungen, Kinder von Erwachsenen, und es gibt Menschen mit einer ganz anderen Hautfarbe.
Daß die Geschwister und die Nachbarskinder anders waren und sind als ich, habe ich sicher nicht immer nur als einfach erlebt. Zwar spürte ich wohl eine tiefe Verbundenheit, aber wir konnten uns an unserer Verschiedenheit wohl erst so richtig freuen, nachdem wir durch einige Konflikte hindurchgegangen sind. Wir wurden füreinander erst dann einzigartig, nachdem wir uns an der Unterschiedlichkeit zu freuen begannen und uns gerade darin auch zu ergänzen begannen.
Und genau darum geht es in der wahren Individualität: daß ich die tiefere Einheit und Verbundenheit von allen Menschen und von allem Leben spüre und gleichzeitig auch Einheit in Verschiedenheit zulasse. Wenn Individualität und Verschiedenheit des Einzelnen in der Gemeinschaft möglich ist, zeugt das von der Gesundheit und Reife des gesellschaftlichen Organismus. Ein Organ oder ein Lebewesen besitzt um so mehr Identität und Individualität, je unterschiedlicher und differenzierter seine Zellen und Zellverbände sind.
Bei einem Einzeller oder einer Amoebe sind die Zellen undifferenziert, sie gleichen sich. Die Zellen haben wenig Profil und Identität. Bei etwas größeren Zellverbänden oder gar Organen sehen wir bereits sehr verschiedene, komplexere Zellen mit ganz spezifischen Aufgaben. Und wenn wir das menschliche Gehirn betrachten oder den gesamten mensch-

lichen Körper, dann zeigt sich, wie unglaublich differenziert und hochspezialisiert die einzelnen Nerven-, Leber-, Blut- oder Nierenzellen sind. Ihre Identität ist weit ausgeprägter als die Zellen des Einzellers, aber gerade dadurch, daß sie sich klar in ein größeres Ganzes integrieren lassen und dort ihre spezifische Aufgabe leben.

Vergleichbar verhält es sich bei ganzen Gesellschaften und in der Welt schlechthin. Gesunde Gruppen und Institutionen, ob es sich um ein Unternehmen oder einen Staat handelt, versuchen bewußt und konstruktiv mit der Verschiedenheit ihrer Teile und Glieder umzugehen. Lebendige und überlebensfähige Gruppen lassen individuell verschiedene Ziele zu, verwischen und verharmlosen die Unterschiede nicht, sondern benennen sie, leben sie als fruchtbare Ergänzung und feiern sie als eine Bereicherung.

Wer sich auf tiefe Kontakte und Beziehungen einläßt, weiß, daß er oder sie dadurch nicht an Identität verliert, sondern gewinnt. Durch das tiefe Einlassen auf den anderen gelange ich zu einem höheren »Bei-mir-Sein«. Durch das *Du* werde ich zum *Ich*.

In einer gelungenen Vereinigung von Menschen und Gruppen verschmelzen die einzelnen Teile nicht miteinander und geben ihre Eigenständigkeit nicht auf. Ihre Verschiedenheit wird im Gegenteil erst in der Beziehung zu anderen so richtig deutlich.

Die Erfahrung von Einheit in Verschiedenheit führt also zu dem, was wir im heutigen Sprachgebrauch unter Individualität verstehen: nämlich zur Einzigartigkeit und Einmaligkeit des Menschen.

In dem wunderschönen Text aus Antoine de Saint-Exupérys »Kleinem Prinzen« spricht der Prinz zum Fuchs: »Du bist für mich nur ein Fuchs, der hunderttausend anderen Füchsen gleicht. Aber wenn wir uns miteinander vertraut machen, werden wir einander brauchen. Du wirst für mich einzig sein in der Welt. Und ich werde für dich einzig sein in der Welt ...«

Diese Szene drückt prägnant die Erfahrung der Entwicklung echter Individualität aus: Indem wir Menschen die tiefe Einheit allen Lebens erfahren und die Einheit auch in der Ver-

schiedenheit spüren und akzeptieren, werden wir im heutigen Sinne individuell, also einzigartig und besonders.
Ich bin zuversichtlich, daß immer mehr Menschen auch wieder zur ursprünglichen Bedeutung von Individualität finden werden: zur Erfahrung des Menschen als in-dividuum, als ungeteiltes Wesen, das sich als eins erfährt mit sich selbst und mit der Welt. Für spirituelle, mystische Menschen sowie für Suchende des neuen Bewußtseins ist es ganz klar, daß wir zu dieser Einheitserfahrung, zu diesem integralen Bewußtsein gelangen werden und auch müssen, wenn die Welt überleben will.
Es gibt die berechtigte Hoffnung und auch eine dringende Notwendigkeit, daß sich der Mensch des 21. Jahrhunderts mehr als frühere Generationen am Wohl der einen Menschheit und an der Zukunft der einen uns gemeinsamen Erde ausrichten wird.
Die Hoffnung, daß die Menschheit immer wieder zu einer sozial konstruktiven Form von Individualität findet, hat auch ein spirituell-religiöses Fundament. So bin ich überzeugt, daß eine allgemeine spirituelle Intelligenz zu mehr Individualität verhilft. Genau wie auch der christliche Glaube einen stark individuellen und Individualitäts-fördernden Aspekt enthält.
Mit spiritueller Intelligenz, die heute nach dem IQ und dem EQ mit einem kurzen SQ abgekürzt wird, ist die Fähigkeit gemeint, Sinn- und Wertfragen anzugehen und unser Handeln in einen größeren Sinnzusammenhang zu stellen. Gerade in der Massenkultur ist diese Fähigkeit gefordert. Wenn die Massenproduktion und die Massenwerbung unsere Geschmäcker und Gedanken immer mehr verengen und bestimmen, müssen wir immer mehr in der Lage sein, uns gegen die Masse zu stellen und unpopuläre Meinungen zu vertreten. Und um das zu tun, muß ich im Zentrum meines Selbst verankert sein. Ich muß wissen, wer ich bin und woran ich glaube.
Ein chilenischer Knabe, der stets darunter gelitten hat, daß ihm die Lehrer das beibringen wollten, was sie wußten, statt aus ihm hervorzulocken, was er zum Lernen brauchte, und daß er wie Millionen anderer Schüler Antworten auf Fragen

lernen mußte, die er gar nicht gestellt hatte, schrieb das folgende Gebet:

»Zwingt mir nicht auf, was ihr wißt.
Ich möchte das Unbekannte erkunden
und es zur Quelle meiner eigenen Entdeckungen werden lassen.
Laßt das Bekannte meine Befreiung, nicht meine Sklavenarbeit sein.

Die Welt eurer Wahrheit kann für mich eine Einschränkung sein,
eure Weisheit meine Verleugnung.
Unterweist mich nicht; laßt uns zusammen einen Weg gehen.
Laßt meinen Reichtum da beginnen, wo eurer aufhört.

Zeigt mir, daß ich stehen kann auf euren Schultern.
Gebt euch zu erkennen, damit ich etwas anderes sein kann.
Ihr meint, daß jeder Mensch lieben und etwas erschaffen kann.
Darum verstehe ich eure Furcht, wenn ich euch bitte, entsprechend eurer Weisheit zu leben.

Ihr werdet nicht wissen, wer ich bin, indem ihr nur auf euch selbst hört.
Unterweist mich nicht; laßt mich sein.
Euer Versagen besteht darin, daß ich so sein soll wie ihr.«

Spirituelle Menschen haben Zugang zu ihrem Zentrum, zum größeren Zusammenhang, zur Erfahrung der Einheit allen Lebens. Spirituelle Menschen verhalten sich individuell und somit oft gegen die Masse, weil sie ein hohes Maß an Selbstbewußtheit haben. Sie scheuen sich nicht, sich dem Leiden auszusetzen, weil sie sich von Visionen und Werten inspirieren lassen. Sie lassen sich nicht so schnell von Slogans und Moden beeindrucken, sondern haben eine ausgeprägte Neigung, Fragen zu stellen nach dem Warum und Woher und Wohin.
Fördert der christliche Glaube solche Eigenständigkeit oder zwingt er in die folgsame Masse? Worin liegt sein speziell Individualitäts-fördernder Aspekt?

Das Neue Testament zeigt einen Gott, der die Menschen ganz persönlich anspricht, sie einzeln beim Namen ruft und jede und jeden in einzigartiger Weise liebt. Jesus hat nicht ganze Völker wie ein Fernsehprediger aufgescheucht, sondern einzelne suchende Menschen gerufen, geheilt, getröstet und ermutigt. Jesus hat in seinem Leben und in seiner Lehre den Menschen vermittelt, daß jede und jeder einzigartig und persönlich von Gott geliebt ist. Für Gott ist jeder Mensch und jedes Lebewesen individuell, d.h. mit dem Ganzen, mit der Schöpfung und mit Gott selbst verbunden und eins, und gerade darin einzigartig. Jede und jeder ist von Gott so gewollt, wie er oder sie ist. Jede und jeder entspricht Gottes Willen. Unsere Lebensaufgabe besteht darin, den Willen und Plan Gottes für uns zu entschlüsseln, unsere Bestimmung, unsere Aufgabe und unseren Ort in der Welt zu finden.
Jesus wollte die Einmaligkeit und die Eigenverantwortung des Menschen stärken. Jede und jeder besitzt eine ganz bestimmte Gabe und Aufgabe. Das ist der Kern der Botschaft im Evangelium. Dieser Aspekt der Einmaligkeit, der Individualität des Menschen vor Gott wird schon bei der Taufe des Kleinkindes betont und gefeiert: Jedes Kind erhält dort einen ganz bestimmten Namen und nicht eine Nummer oder einen Strichcode. Gott meint mich ganz persönlich, wenn ich in die weltweite Gemeinschaft der Glaubenden aufgenommen werde.
Der glaubende Christ, die vertrauende Christin hat demnach besonderen Grund, Individualität als positiven Wert zu erkennen. Er kann sich individuell, d.h. ungetrennt von Gottes Liebe und von der ganzen Schöpfung begreifen. Er erfährt sich ganz persönlich gerufen und in seiner Einzigartigkeit geliebt von Gott.
Ob wir individuelle Menschen im guten Sinne sind oder werden, wird in Zukunft nicht nur davon abhängen, ob wir im Internet oder beim Bio-Bauern einkaufen, ob wir hier oder dort Ferien machen. Aber der echt individuelle Mensch, der ungeteilt und einzigartig zugleich sein will, wird sich immer öfters die Frage stellen und deutlicher spüren, ob sein Handeln der inneren Einheit und dem Wohl allen Lebens dient oder nicht.

Wenn ich wirklich individuell sein will, dann brauche ich nicht mein Einzelkämpfertum noch weiter zu kultivieren und zu perfektionieren, sondern entwickle mein Besonderssein und meine Einzigartigkeit gerade dadurch, daß ich mich intensiv mit anderen Menschen verbinde, sei es in der Teamarbeit, sei es in einer Partnerschaft, sei es im Engagement in Verbänden oder gar im bewußten Verbinden mit allen Menschen, wenn ich bete oder meditiere.
Es ist eine Kunst und es wird eine ewige Herausforderung an jede und jeden von uns bleiben, daß wir immer mehr wir selber werden. Unsere Selbstfindung und Selbstverwirklichung wird uns dann am besten und leichtesten gelingen, wenn wir sie nicht in Konkurrenz zur Verantwortung für die Menschheit und die Erde erleben. Und wir entfalten unsere Individualität und Identität gerade dann, wenn wir ungeteilt, das heißt wesenhaft verbunden leben und eins sind – nach innen wie nach außen.

Andreas Malessa

Spaß

»Ich glaube nicht, daß das Bedürfnis nach Spaß das Problem ist, sondern die Vereinseitigung«, sagt er, der Protestant und Bonvivant, gepflegt gekleidet, stilvoll eingerichtet, am wohlgewählten Weine nippend. Ich bitte Professor Hans-Joachim Eckstein, sich spontan zum Stichwort »Spaß« zu äußern. Scherz. Streich. Schabernack. Verstehen Sie Spaß? Nur mal so spaßeshalber: Macht`s denn Spaß? Viel Spaß noch!
»Es ist gar keine Frage, daß sich die Spaß-Industrie ja nicht ins Beliebige steigern läßt. Skeptisch bin ich aber, ob wir in der Mehrheit unserer Bevölkerung tatsächlich eine Einsicht gewinnen werden, daß Lebensentfaltung, daß das Glück-Finden komplexer sein muß als in diesem einen Kanal des Amüsierens.«
Das Glück finden. Mir fällt ein, daß wir »glückliche Ehe«, aber nie »spaßige Ehe« sagen. Von »Mutterglück« reden, nicht von »Mutterspaß«. Ich verstehe Spaß als ein kurzes, konsumierbares und reproduzierbares Hochgefühl. Als einen »Kick« im Sinne von sensorischem Reiz zum Lachen. Und unterscheide davon das Glück als eine langsam gewachsene, nicht beliebig verfügbare Zufriedenheit mit sich selbst, den anderen und den Lebensumständen. Dann verhält sich Spaß zum Glück wie Strohfeuer zur Ofenglut, oder?
Spaß kann man *haben*. Glücklich will man *sein*. Mein Gegenüber nickt: »Daß wir Hunger haben, ist natürlich. Wenn wir uns aber bis zum Überdruß vollfressen oder vollsaufen, wenn ich das so sagen darf, dann karikieren wir unser eigenes Bedürfnis. Ich glaube: Mit dem Spaßbegriff wird eine Leerstelle bezeichnet. Nämlich die Stelle, die für ein tieferes Glück, eine tiefere Bestätigung, eine tiefere Lebensentfaltung steht. Und der Spaßbegriff ist eine Karikatur für einen Lebenshunger.«

Spaß als Platzhalter? Wie ein x oder y in der Mathematik, wenn noch kein definierter Wert bekannt ist? Hans-Joachim Eckstein hat als Theologieprofessor an der Universität Heidelberg täglich Umgang mit jenen 20- bis 30jährigen, für die eine Sache dann Sinn macht, wenn sie Spaß macht. Menschen, die sich, wie vermutlich alle, nach Glück und Bestätigung sehnen. Und wenn's das nicht gibt, auch gerne erstmal mit dem Spaß vorliebnehmen. Medien- und Marktforscher nennen sie die »Spaßgeneration« oder die »Generation X«.
Der Kabarettist Jess Jochimsen in einer satirischen Kommentierung der Love-Parade: »Ich bin diese Generation X. Politisch indifferent, sexuell desorientiert, aber immer gut gekleidet. Und wir haben *Fun*! Aber hallo haben wir einen Fun! Ich bin Spaß-Generation. Wie aufgeblasene Frösche hoppen wir von Event zu Event. Und haben Fun! Auf der Love-Parade in Berlin, da hüpfen wir durch die Straßen und haben aber sowas von Fun! Spaaaaß-Generation! Nur: Leider völlig humorlos!«
Das sagt ja kein alternder Griesgram, der einer unbeschwerten Jugend ihre sechs Kilometer Ausgelassenheit zwischen Ernst-Reuter-Platz und Brandenburger Tor neidet, sondern das sagt ein 29jähriger Wortkünstler. Spaßgesellschaft als erlebnishungrig und »Fun«-versessen, aber humorlos? Warum? Weil die Stellen »Glück, Lebensentfaltung und Bestätigung« heute nur selten besetzt werden und ein legitimer Lebenshunger unerfüllt bleibt, wie Theologe Eckstein vermutet? Oder deshalb, weil »Spaß statt Sinn« bequemer zu haben ist als »Glück durch Sinn«?
»Der Gegenbegriff zu Spaß ist Frust. Frust meiden junge Menschen wie die Pest. Alles, was mit Belastungen oder Enttäuschungen verbunden sein könnte, wird umgangen. Mit der Überbetonung des Spaßes geht aber eine Verflachung der Emotionalität einher. Spaß kann man auf die Schnelle haben. Tiefere Befriedigung oder gar Lebensglück hingegen stehen erst am Ende eines Weges, der mit Mühsal und Enttäuschung verbunden ist. Schneller Spaß statt eines oft erst mühsam erlangten Glücksgefühls weist

auf einen verkürzten Spannungsbogen im Lebensgefühl hin. Niemand will mehr warten, alles soll möglichst schnell gehen«, schreibt der Pädagoge Reinhold Ostermann in einem Konzeptionspapier für evangelische Jugendarbeit in Bayern. Was den Vergleich nahelegt, oberflächlicher Spaß verhalte sich zu tiefem Glück wie schneller Sex zu langer Liebe. Eine kulturelle Verschiebung vom Glück zum Kick, vom Humor zum Spaß, vom Schmunzeln zum Brüllen läßt sich m.E. an zwei Beispielen verdeutlichen: Aus traditionellen Jahrmärkten mit ihren kindlichen Schießbuden, Karussells und Geisterbahnen wurden im Laufe der 90er Jahre hochgerüstete Spaß-Städte, deren Looping-Achterbahnen und High-Tech-Fahrbetriebe bis an die Grenzen des physikalisch Machbaren und medizinisch Vertretbaren gehen müssen, um sensationelle »Breathtaker« zu erzeugen. Atemberaubender Abenteuer-Spaß.

Im Deutschen gibt es drei Sprichworte mit nur drei Wörtern und alle sind ein Befehl: »Ordnung muß sein! Strafe muß sein! Spaß muß sein!« Es muß was Deutsches sein, daß wir den Spaß wie eine Ordnungsstrafe abarbeiten: Immer mehr Vergnügungen sind so teuer und so gefährlich, daß die Gesichter der Spaßhabenden dabei immer mißvergnügter aussehen.

Kabarett und Komödie, mein zweites Beispiel: Aus scharfsinnigen Brettl-Programmen mit intellektuellem Wortwitz und einer im Kern meist hochmoralischen Polit- und Gesellschaftskritik ist im selben Zeitraum der letzten 15 Jahre die »Comedy« geworden: ein Gag- und Klamauk-Fließband, ein Slapstick-Sperrfeuer aus vulgären Witzen und kalkulierten Tabubrüchen. Ein allabendlicher Fernseh-Dadaismus, der wohl am auffälligsten demonstriert, wie man »Sinn« durch »Spaß« und »Lehrstück« mit h durch »Leerstelle« mit zwei e ersetzen kann.

Martin Keß von der Kölner TV-Produktionsfirma »brainpool«: »Viele Plakate sind ja einfach umgestaltet worden. Da wo früher Kabarett draufstand, steht jetzt Comedy drauf, weil sich das besser verkauft. Natürlich hat Kabarett eine ganz andere Geschichte, und natürlich ist Comedy in der Regel jünger, und es ist eine neue, eine junge Generation von Comedians, die da jetzt auftritt und die natürlich nicht mehr den Geist der 68er auf der Bühne versprüht, sondern die da längst drüber sind und einfach ein lustiges Programm machen wollen.«

Der Mann ist von Beruf »Spaß-Macher«. Er schrieb Gags für die »Harald Schmidt-« und die »Wochenshow« auf SAT 1. »Comedy-Produzent« lautet die offizielle Berufsbezeichnung. Seine Firma wird mittlerweile an der Börse gehandelt. Von den spaßig vorgetragenen, aber ernstgemeinten Botschaften der Theater-Komödianten oder Kabarettisten alter Schule ist er so weit entfernt wie Dieter Hildebrandts »Scheibenwischer« von Stefan Raabs »TV total«. »Botschaften kann ich ja nur dann hören, wenn es überhaupt welche gibt. Mir leuchten keine mehr ein. Also wo sind die Botschaften? Auf die Bühne zu gehen und zu sagen: Kohl ist doof oder: Schröder ist doof ist ja stinklangweilig. Das wissen wir eh, wenn es das einzige ist, die einzige Botschaft ist, dann finde ich die langweilig. Die ist auch nicht lustig, da bin ich längst drüber, und das langweilt mich zu Tode.«

Lustig, nicht langweilig sein – diesem Machtwort der Spaßgesellschaft gehorchen seit Einführung der Kommerzsender zunehmend mehr Fernseh- und Hörfunkprogramme. Auch die öffentlich-rechtlichen und auch ihre vormals seriösen Filmdokumentationen, Politmagazine und Nachrichtensendungen. Ein kritischer Gestus oder gar das Streben nach politischer Einflußnahme würde »brainpool«-Chef Martin Keß überhaupt keinen Spaß machen: »Ja aber dann geh' ich doch zu amnesty, Greenpeace oder werde Terrorist! Also dann mache ich doch nicht Comedy. Also ich finde, das ist ja ehrenwert, das wollen wir ja auch alle gerne: die Welt verbessern. Aber das ist nicht die Aufgabe von Comedy!« Sondern: Spaß produzieren ist die Aufgabe. Nicht nur für Hape Kerkeling, Dirk Bach, Anke Engelke und Ingolf Lück, für Max Schautzer, Sissi Perlinger und Kai Pflaume. Auch Film- und Theaterregisseure, Zeitungsmacher, Museumsdirek-

toren und Schriftsteller sollten das Tal der Lachtränen nie ganz durchschreiten, wenn sie ihr Publikum oder ihre Auflage halten wollen. Verfasser und Verleger von Sachbüchern oder gar Unterrichtsmaterialien scheinen zu wissen: Nur was Spaß macht, wird überhaupt gemacht.
Ein kurzer Blick auf die Titelformulierungen durchaus seriöser Bücher: »Eigensinn macht Spaß. Individuation und Anpassung. Von Hermann Hesse« – »Ernst und Spaß. Kunstdruck von Wassily Kandinsky« – »Die Fünf Tibeter für Kinder. Gesundsein darf Spaß machen« – »Viel Spaß in der Schwangerschaft« – »So macht Stillen Spaß« – »Abnehmen ohne Diät. Pfunde weg mit Spaß« – »Au plaisier de langues. Spaß mit Sprachen, französische Ausgabe« – »Magnetismus und Elektrizität: Experimente mit Spaß« – »Der biblische Koch- und Back-Spaß«.
Professor Eckstein denkt von den lustigen Lehrbüchern her an ernste Lehr-Berufe: »Im Rahmen der Berufsausbildung dürfen wir uns keine Illusionen machen, das war ja früher alles andere als angenehm. Lehrjahre waren noch nie Meisterjahre, d.h. man konnte früher einfach mit diesem ›das macht man so, das ist Pflicht, das ist so üblich‹ argumentieren. Es ist Ausdruck der Entfremdung unserer Arbeit, daß das, was uns motiviert, *jetzt* beschränkt werden kann auf das *Geld*, das wir verdienen. Deshalb, weil die Arbeit für die Mehrheit der Menschen nicht eine unmittelbare Bestätigung bringt, sind wir völlig reduziert auf diesen einen Aspekt. Weil ich weiß, daß die Beschränkung auf Spaß, die Beschränkung auf diese Orientierung am Geld Menschen in die Verzweiflung bringt und frustriert sein läßt – eben genau wie jemand, der ißt und ißt und längst satt ist und weiterißt –, aber dadurch wird er nicht mehr Befriedigung bekommen. Und so wird jemand, der auf das Geld fixiert ist, entsprechend alleine im Geld oder in der Karriere die Bestätigung, die er eigentlich will und braucht, hinter Spaß und Geld, die er damit meint, aber nicht aussprechen kann, nicht finden.«
Der evangelische Neutestamentler will nicht als asketischer Spiel- und Spaßverderber mißverstanden werden, sondern lediglich den Kriterienkatalog zur Berufswahl

nicht auf die zwei üblichen Fragen reduziert sehen: Macht er Spaß und macht er reich?

»Als mein Sohn fünf war«, schreibt der amerikanische Komiker Bill Butterworth, »wollte er Astronaut oder Indianerhäuptling werden. Als er 15 war, dachte er an eine kaufmännische oder juristische Karriere, was ich sehr vernünftig fand. Jetzt ist er 25 und ich wäre gottfroh, wenn er wenigstens den Indianerhäuptling anstrebte, denn: Mein Sohn will gar nichts werden! Nur Spaß haben.« Damit dürfte er vielen Eltern auch diesseits des Atlantiks aus dem Herzen sprechen.

»Na und?« könnte ich kontern. Allzu lange haben Söhne lustlos die maroden Firmen ihrer Väter übernommen, weil Pflicht und Tradition die Richtung vorgaben. Statt Spaß und Geld. Aber: Wenn alle Töchter Reiseleiterinnen oder Models werden und alle Söhne Ferienclub-Animateure oder Terminbörsenmakler – bleiben dann nicht Begabungsentfaltung und Berufung, Neigung und Werte-Prioritäten auf der Strecke?

»Du sollst Spaß haben und viel Geld verdienen« klingt einleuchtend. Wer aber trotzig seine Freiheit verteidigt, einen auf den Leib geschnittenen Beruf zu wählen, der *nicht* das größtmögliche Geld mit möglichst immerwährendem Spaß verbindet, der gerät leicht in Begründungsnotstand. »Brotlose Künste«, die wenig Prestige, nicht immer Spaß, aber Sinn und Zufriedenheit bringen, stehen bei Berufsanfängern der Spaßgeneration gelegentlich unter Legitimationsdruck.

»Nie zuvor haben junge Menschen über einen so großen Spielraum individueller Freiheiten verfügt wie heute. Die demokratische Gesellschaft, der wirtschaftliche Wohlstand und die Liberalisierung restriktiver Moralvorstellungen eröffnen dem Einzelnen Wahlmöglichkeiten, von denen frühere Generationen nicht einmal träumen konnten. Darf und kann ich aber immer tun, was ich will, dann habe ich offenbar alles so gewollt, wie ich es jetzt tue, und bin ganz allein verantwortlich für alles Glück oder Unglück meines Lebens. Hierin liegt auch ein Stück Gnadenlosigkeit.«

Jugendarbeiter Reinhold Ostermann von der bayerischen evangelischen Landeskirche schlußfolgert aus diesem Gedanken, daß deshalb die Sehnsucht nach Orientierung, nach Leit- und Vorbildern zunehmen könnte. Die Suche nach Menschen also, die ihr Lebensglück nicht aus unmittelbarem Spaß- und Geldzuwachs beziehen, sondern aus der Sinnhaftigkeit ihres Tuns. Das klingt verdächtig nach kirchlichem Zweckoptimismus. Bringt aber jene Ehrenamtlichen und unentgeltlich Engagierten in den Blick, denen nicht nur Briefmarkensammeln und Radfahren »Spaß macht«, sondern auch die Mitarbeit in Kirchen und Vereinen.

Hans-Joachim Eckstein greift den Faden auf: »Ich würde meinerseits nicht sagen, daß wir den Spaßbegriff inflationär in all die Ämter, Aufgaben, sozialen Verpflichtungen einführen, sondern daß wir wieder neu ins Bewußtsein bringen, daß es mehr gibt als Spaß. Nämlich die Freude am Geben. Die Freude am Teilen. Die Bestätigung am Mitschaffen-Können. Die Bestätigung, nicht nur Liebe und Zuwendung zu bekommen, sondern auch Liebe zu geben. Und zu sehen, wie Menschen reich werden durch mein Geben. Das hat Erlebnischarakter, das hat auch Bestätigungscharakter, ist aber mehr als nur konsumierender Spaß!«

Ob sein Theologenwort den Spaßsucher von heute ins ehrenamtliche Engagement lockt? Immerhin: 59 % der 20- bis 30jährigen und 40 % der Männer und Frauen zwischen 30 und 40 würden sich in kulturelle, ökologische, sozialdiakonische oder kirchliche Ehrenämter einbinden lassen, *wenn* sie von einem darin Tätigen überzeugend angesprochen würden. So lautete eine Studie des Hessischen Jugendrings von 1997. Die »Shell«-Studie 1999 hingegen erfuhr als möglichen Grund für eine ehrenamtliche Tätigkeit immer nur einen: »Spaß muß es machen.« Ein Pfadfinder-Zeltlager oder ein Handball-Turnier machen das sicher. Aber wie spaßig ist es, Schöffe bei Gericht zu sein oder als Hospiz-Helfer am Sterbebett zu sitzen?

Mein Gesprächspartner auf der sonnigen Terrasse über dem schönen Heidelberg schüttelt den Kopf: »Der

Altruismus, also die Tendenz, sich eher an andere zu verschütten und zu verschenken, als für sich selbst zu sorgen, dieser Altruismus ist heute nur noch auf ganz wenige Menschen beschränkt, die in dieser Selbstlosigkeit Bestätigung erfahren. Es darf ja nicht darum gehen, daß wir wieder Selbstlosigkeit zurückfordern, sondern es geht darum, die alte Krankheit zu kurieren: Der Gegensatz von Altruismus/Selbsthaß/Selbstverleugnung ist eben *nicht* die Selbstverherrlichung und die Selbstsucht, sondern die Fähigkeit, sowohl zu nehmen und an mich zu denken als auch, mich um andere zu kümmern und Verantwortung für andere zu übernehmen. Ich habe den Eindruck, daß dann darin in der Tat das Glück liegt, das man mit dem Machtwort Spaß bezeichnet: nämlich umfassend für andere *und* für sich selbst Leben zu gestalten und zu erfahren.«

Professor Eckstein schließt nicht aus, daß mancher »Spaß« sagt, wenn er »Glück« meint. »Glücklich wird, wer glücklich macht« – diese Faustformel gilt offenbar auch in einer als egozentrisch und narzißtisch titulierten Zeit noch immer. Der »Spaß« des ehrenamtlichen Engagements kommt sicher nicht aus all den Motivations- und Dankes-Festen, die Pfarrer und Vereinsvorsitzende veranstalten müssen, um ihre Ehrenamtlichen bei Laune zu halten, sondern aus dem wertvollen Erlebnis der Selbstverwirklichung durch Selbstvergessenheit.

Das hatte ich schon von Günther Bien, Philosophie-Ordinarius an der Stuttgarter Uni Hohenheim, gelesen: »Die Tür zum Glück geht immer nach außen auf.« Zum anderen hin. Unkalkuliert und ohne Rendite-Erwartung. Wenn die von Jesus gelobten »Gerechten« im Gleichnis vom großen Endgericht (Matthäus 25) fragen: »Herr, wann haben wir dich gespeist, bekleidet, besucht?«, dann heißt das ja: Sie taten es selbstverständlich, selbstvergessen, so beiläufig, daß sie es kaum erinnern.

»Während die Ziele vorangegangener Generationen vor allem materiell waren – ein eigenes Häuschen, ein neues Auto – definieren wir unseren Lebenssinn psychophysisch: Was verschafft mir ein schönes Erlebnis? Das ist

die Hauptfrage bei der Sinnsuche unserer Zeit. Einkaufen hat durchaus was Religiöses. An die Stelle Gottes sind der eigene Körper und das eigene Leben getreten. Zu konsumieren heißt: sich selbst zu huldigen. An der Stelle der Gebote steht ein selbstgewählter Imperativ: Du sollst etwas aus deinem Leben machen!«
Und dabei Spaß haben. Der Bamberger Kultursoziologe Gerhard Schulze nennt die Einkaufspassagen und Boutiquenreihen deutscher Innenstädte »Kulissen des Glücks«, so der Titel seines neuesten Buches. Im Konsumtempel werden der inszenierte Spaß und das damit intendierte Lebensglück miteinander verschmolzen und religiös aufgeladen.
»Was haben Einkaufen, die Love Parade, Sex, die Moorhuhnjagd im Computer und die Expo in Hannover gemeinsam? Klar: Sie machen Spaß! Irgendwo jodelt immer ein fideler Anton aus Tirol und die Leute rennen dahin, wo was los ist. Anlaß und Programm sind da bisweilen nebensächlich. Gezahlt wird mit Hoffnung auf ein Stückchen Lebensglück. Geliefert wird ein rasch verglühender Lustkick. Zur tragfähigen Lebensmaxime im Sinne einer Religion wird der Spaß aber erst durch die Kultivierung der Genußfähigkeit.« So heißt es in einer Zeitungsreportage über das Nürnberger »Institut für Genußforschung« des Psychologieprofessors Reinhold Bergler. Die Hohenpriester der Genuß- und Spaß-Religion sind schon per Volksbefragung ermittelt: Gourmet-Koch Alfred Biolek und Zigarrenkenner Gerhard Schröder. Der Exeget Hans-Joachim Eckstein, Genußmensch, wird streng: »Die Vergötzung des Körpers ist sicherlich genauso ein Problem wie die Reduktion auf die Befriedigung meiner Primärtriebe. Es ist aber nicht das Grundübel, es ist das Symptom. So wie das Fieber Ausdruck für eine Krankheit ist. Ich würde nie moralisierend sagen: Denk weniger an dich! Sondern: Wenn ich nur mit *mir* beschäftigt bin, zeigt das, daß ich nicht wirklich bei mir bin. Sonst müßte ich mich nicht suchen. Insofern geht's mir auch hier wieder um den positiven Zugang: Was fehlt einem Menschen, wenn er sich nur mit sich selbst be-

schäftigen kann? Das ist für mich die Frage. Und insofern würde ich nicht mit dem Verteufeln der Götzen beginnen, sondern bei einer Beschreibung Gottes und des Glaubens, bei dem Egoisten, auf sich selbst zurückgeworfene Menschen, in sich selbst verkrampfte Menschen plötzlich ahnen: Hier ist der Horizont, der mir weiterhilft.«

Die Beschreibung Gottes und des Glaubens darf neuerdings und kann vielerorts Spaß machen. Der sarkastische Satz, sonntagmorgens in der Kirche sei es so lustig wie auf einem Zahnarztstuhl, der im Finanzamt steht, stimmt nicht mehr überall. Jahrzehntelanges ernsthaftes Bemühen um theologisch wohlüberlegte Liturgiereformen, qualifiziertes neues Liedgut, zeit- und alltagsrelevante Texte und erprobte, gereifte Beteiligungsaktionen der Gemeinde sollten die Bedenken der Traditionalisten ausgeräumt haben, nun beuge sich auch die Kirche dem Machtwort des Zeitgeistes und erzeuge spaßig aufgepepptes Allotria statt Gottesbegegnung und Heilsempfang. Nein, nicht Themen-T-Shirts und provokante Poster, Popmusik und Partygebäck oder Pastoren im Pulli sind das Problem, sondern eine gewandelte Erwartungshaltung der Gemeinden.

»Das zu Christus rufende Wort wird als Beiwerk verstanden einer Veranstaltung, die sich als Happening definiert und von der Geselligkeit oder einem meßbaren Unterhaltungswert lebt. Nicht etwa die sogenannten Kirchendistanzierten, sondern die eigenen Getreuen der Kerngemeinde verbuchen Gottesdienste unter der Rubrik Arbeit, also in der Kategorie, die dem Beruf zugeordnet wird. Dies gilt besonders für Predigten, die den Charakter der Schriftauslegung oder – horribile dictu! – der Bibel-Arbeit wahren. Nur wenn es gelingt, auf der Kanzel ein gelungenes Theo-Tainment zu bieten, kann der Gottesdienst in unserer Spaßkultur von der Arbeits- auf die Vergnügungsseite wechseln. Und selbst wenn der Prediger drehbuchgerecht für Brüller sorgen kann, muß er sich mit jenen Rest-Ressourcen an Aufmerksamkeit zufriedengeben, die nach Beruf und Familie noch übrig bleiben.« Das schreibt der Münchner freikirchliche Theologe Kim Strübind zur Lage der Predigt heute in der Zeitschrift »Theologisches Gespräch«.

Hans-Joachim Eckstein sieht da nicht so schwarz: »In Hinsicht auf die Predigt möchte ich gleichzeitig beides betonen: Einerseits ist es ganz gewiß so, daß die aller- allerwenigsten Predigten dazu angetan sind, Menschen anzusprechen. Kaum erlebt man heute, daß Predigthörer nach der Predigt kommen: Warum haben Sie schon aufgehört, das war ja nur 'ne halbe Stunde?! Man kann es aber auch erleben, wenn man sich bemüht, auf Menschen einzugehen, Themen so anzusprechen, daß diejenigen, die vor einem sitzen, auch angesprochen sind, sich verstanden fühlen, dann auch Aussagen auf den Begriff gebracht sehen, um die sie selbst schon lange gerungen haben. Natürlich gehört dazu auch, daß man sich überlegt, wie man Predigten auflockert, damit sie nicht langweilig sind. Natürlich gehört auch das – früher hat man gesagt delectare – Erfreuen, das Beglücken, das Zum-Lachen-Bringen zu einer Predigt dazu. Das ist ganz wichtig.«

Die Angst des Talarträgers vor den Erwartungen der Spaßgeneration kennt er nur vom Hörensagen. Klaas Huizing dagegen, Dogmatikdozent an der Universität Würzburg, will der Versuchung des oberflächlich spaßigen Theo-Tainments auf der Kanzel einerseits und der Gefahr sterbenslangweiliger Bibel-»Arbeit«en andererseits durch mehr Kunst und Ästhetik im Gottesdienst begegnen: »Glaube macht, denke ich, immer dann Spaß, wenn er eingetretene Wege verläßt. Also wenn die Wahrnehmung neu eingestellt wird und auch hinter die Oberfläche, ab und zu zumindest, schaut. Das kann durchaus Spaß machen. Sie dürfen nicht vergessen, daß der Begriff Spaß oder sogar Genuß eigentlich ja durchaus ein religiöser Begriff ist, denn die sogenannte fructio dei meint ja in der Tat: Genuß Gottes. Damit ist traditionell immer eher ein mystischer Prozeß gemeint, sagen wir es etwas vereinfachend: wo man die eingefahrene Weltsicht oder die Borniertheit der Welt transzendiert.«

Huizing hat den ersten von drei geplanten Bänden einer »Ästhetischen Theologie« publiziert, und noch bin ich im Zweifel, ob er meint: »Mehr Literatur, bildende Kunst, Kino und Tanz in die Kirchen!« oder: »Mehr Religion in die Theater und Museen!« oder: »Mehr Verpackung, wenn schon der Inhalt nicht mehr interessiert!«
Der im Gegensatz zu Huizing nicht auf reformiert-calvinistische, sondern lutherisch-pietistische Tradition reflektierende Eckstein steuert am Schluß unseres Gesprächs einen unbekannten, aber interessanten Psalm an: »Habe deine Lust am Herrn, so wird er dir geben, was dein Herz wünscht« (Ps 37,4).
»Der Begriff ›Spaß‹ ist für sich genommen kein theologischer Begriff. Ich habe aber vorhin schon davon gesprochen, daß der Begriff Spaß hier eine Leerstelle bezeichnet. Er ist ein Platzhalter für etwas, und da ist es überraschend, wie es in biblischer Tradition die Rede von der ›Lust am Glauben‹, von der Lust am Singen, am Beten, von der Lust an Gott z.B. gibt. Die Freude, von der die Rede ist. Auch das Sich-sehnen-nach-Glauben oder nach Glaubensgemeinschaft, nach Bestätigung im Glauben. D.h. daß durchaus diese Orientierung am Erleben des Glaubens, auch am Erleben Gottes, biblisch vorgegeben ist. Und es ist gar keine Frage, daß wir in der kirchlichen Tradition mit unserer gut preußischen Pflichtbetonung und mit den moralischen Predigten, die wir seit Jahrzehnten und Jahrhunderten haben, diese Dimension des Erlebens unterbetont haben. Insofern wird sie auch im kirchlichen Rahmen nicht mehr gesucht.«
Das, so bin ich inzwischen überzeugt, sollte und könnte sie aber.

Michael N. Ebertz

Neu!

Das Wort ›neu‹ nimmt im Panorama der kulturellen Selbstdeutungen der Gegenwart eine Schlüsselstellung ein. Dies ist schon daran erkennbar, daß die anderen hier (in diesem Buch) behandelten ›Machtworte des Zeitgeistes‹ ohne dieses Wort ›neu‹ kaum entschlüsselt werden können. Auch läßt sich aus einer kultursoziologischen Sicht sagen: In diesem einfachen Wort aus drei Buchstaben verdichtet sich das, was die Werte-Signatur der Moderne ausmacht und was es ja auch ganz in die Nähe des Begriffs und unseres Verständnisses von Modernität rückt. ›Neu‹ ist die alltagssprachliche Legitimationsformel für fortgesetzten Wandel geworden, eine Basisorientierung, über die wir freilich kaum mehr nachdenken. ›Neu‹ ist die Kurzformel für eine, wenn nicht *die* Zentralnorm des Zeitgeistes geworden.
Man muß nicht nur an die neuen Männer denken, die angeblich das Land braucht, oder an den Boom der neuen Körperteile in der Schönheitschirurgie. Neueste Hits, neue Kleidung, neue Frisuren, neues Wohnen, neue Automodelle und so fort – also das, was wir Mode nennen und in der Warenwelt rasch wechselnden Standards unterliegt, kommt einem unmittelbar in den Sinn. Die modischen Eigenschaften dienen der Unterscheidung, aber dieser Unterscheidungswert erhält eine inflationäre Tendenz. Sie wird durch die Nachahmung in angrenzenden Gruppierungen und das Absinken in niedrigere Soziallagen verursacht und nährt so den »Kreislauf beständiger Revolutionierung des Geschmacks« (Werner Sombart). Unsere Waren- und Konsumgesellschaft erlaubt zwar erst die Massenproduktion über alle sozialen Schichten hinweg. Aber sie bedarf des Neuen, des Modischen zur Stillung ihrer gewissermaßen unbegrenzten Bedürfnisse und zur Steigerung der Nachfrage. Die Werbung und die Massenmedien setzen darauf. Das Alte, sich Wiederholende wäre ihr Niedergang. Das Neue weckt unmittel-

bar Neugier und spontanen Reiz und führt zur Öffnung der Geldbörsen. Gleichzeitig ist das Neue ein Maßstab, der die Veränderung des Gegebenen zum »Gesetz« erhebt, und damit auch den Verfall.

Begriffsgeschichtlich gesehen, sind ›neu‹ und ›modern‹ früh miteinander verschmolzen. So ist bereits in der Philosophie des Mittelalters mit dem Wortpaar antiqui – moderni zwischen herkömmlichen und neuen Lehrmeinungen unterschieden worden: das Moderne war das Neue, das Neue wurde das Moderne, von der Vergangenheit Abgesetzte, gegenwärtig Gültige. Zunehmend ging dann in den Begriff der Modernität auch die Vorstellung des Fortschreitens zum Besseren, der Perfektionierung ein (z.B. bei Francis Bacon), später auch die Bedeutung von Aktualität und Mode. Das ›Neue‹ wird das Aktuelle, Zeitgemäße, Verbesserte, Verbesserungsfähige, Fortschrittliche, Aufwärts- und Zukunftsorientierte. Das Wort wird geradezu zum pathetischen Inbegriff des Glaubens und Hoffens auf eine vollkommene, ideale Zukunft: auf einen ›Neuen Menschen‹, auf eine ›Neue Gesellschaft‹.

Zur Bedeutung des Neuen, der ›Neuen Gesellschaft‹ gehört dann auch die Rücksichtslosigkeit gegenüber den alten Ordnungen, ihren Anhängern und ihren Symbolen. Davon zeugen nicht nur geköpfte Heiligenfiguren und geschändete französische Kathedralen. Diese Geschichte des Glaubens an den ›Neuen Menschen‹ und die ›Neue Gesellschaft‹ war nicht nur »eine Geschichte des Mutes, der Opferbereitschaft, der wissenschaftlichen, künstlerischen und säkularreligiösen Hingabe« , sondern auch eine »Geschichte von Gewalt, Terror und Verbrechen« (Gottfried Küenzlen). Die Rücksichtslosigkeit der innerweltlichen Verheißungsbewegungen des Neuen gegenüber den alten Ordnungen betraf nicht zuletzt auch die überkommenen religiösen Institutionen, Praktiken und Vorstellungen. Sie wurden als trügerische Projektionen entlarvt, aus dem Miteinander herausgelöst und in die Rumpelkammern der Geschichte verbannt: »Und wie mit dem Staate, so geht's mit der Religion« , formulierte August Bebel im 19. Jahrhundert (›Die Frau und der Sozialismus‹): »*Ohne gewaltsamen Angriff und ohne*

Unterdrückung der Meinungen ... werden die religiösen Organisationen und mit ihnen die Kirchen allmählich verschwinden ..., sobald die Erkenntnis des wirklichen Glückes und die Möglichkeit seiner Verwirklichung die Massen durchdringt ... Die Naturwissenschaft machte die Lehre von der Schöpfung der Erde in sechs Tagen zur Mythe, die Astronomie, die Mathematik und Physik machen den Himmel zu einem Luftgebilde, die Sterne am Himmelszelt, auf denen die Engel thronen, zu Fixsternen und Planeten, deren Natur jedes Engelleben ausschließt ... Für die neue Gesellschaft existieren keine Rücksichten. Der unausgesetzte menschliche Fortschritt und die unverfälschte Wissenschaft sind ihr Panier. Hat noch jemand religiöse Bedürfnisse, so mag er sie mit seinesgleichen befriedigen. Die Gesellschaft kümmert sich nicht darum.«

August Bebel sollte darin recht behalten, daß die moderne Gesellschaft den religiösen Bedürfnissen die Aufmerksamkeit weitgehend versagt und sie in die Privatsphäre abdrängt. Aber die sozialistische Idee der Neuen Gesellschaft hat längst ihren »Verheißungsglanz« (Hermann Lübbe) eingebüßt, genauso wie die Wissenschaft oder die Technologie ihre moralische Unschuld als innerweltliche Paradies-Generatoren verloren haben. Die Gewißheit, daß das Neue immer auch Vorbote einer glücklichen Zukunft ist, wich der Skepsis und wurde auch schon in der Aufklärung skeptisch (z.B. durch Hume, Mendelssohn, Rousseau) begleitet. Zwar suchen Gesellschaften, deren Wohlergehen von einem stetigen technischen Fortschritt abhängen, ein soziales Klima zu gewähren, das ein hohes Maß an Bereitschaft zu Neuem und Neuerungen zuläßt – an ›Innovationen‹. Der Begriff der ›Innovation‹ ist selbst eine Innovation der letzten dreißig Jahre mit steiler Karriere nicht nur in den Lexika. Doch ist aus der Zukunft als Raum kollektiver Verheißung nur noch der Raum des jeweils Möglichen geworden. Der Zukunftsraum des ›Neuen‹ ist zusammengeschmolzen. Das ›Neue‹ suggeriert zwar immer noch die Zukunftsorientierung, hat aber sein Pathos verloren und auch sein Ziel. Aus einer ›neuen Zukunft‹ ist die auf Dauer gestellte Ablösung jeweils neuer Gegenwarten geworden, eine ziellose Zukunft. Der Begriff des ›Neuen‹ ist zum Inbegriff der Vorläufigkeit und »Einstweiligkeit« geworden (Marianne Gronemeyer). »Nach dem Sozialismus«, konstatiert der Soziologe Hans-Peter Müller, »haben alle Utopien und Visionen erst einmal ausgedient.« .Ein »Leben ohne Utopien«, so Joachim Fest, ist nun einmal »der Preis der Modernität«. Was dürfen wir hoffen – nichts? Aus dem neuen großen Glück, welches das Heilsversprechen der alten Religion ablösen und von der ›großen Transzendenz‹ im Jenseits in die große Tranzendenz im Diesseits, in die große Immanenz umleiten sollte, ist das kleine Glück des jeweils Neuen, sind die kleinen Transzendenzen im Diesseits, sind Immanenzchen geworden. Zum Beispiel in dieser Autowerbung:

»Ein Stalagmit wächst Tropfen für Tropfen. Ein warmer Lufthauch jagt uns wohlige Schauer über den Rücken. Ein Rotwein reift in den Mauern eines Kellers ... Die Natur liefert unzählige Beispiele, wie Schönheit und Stärke lautlos wachsen. Jetzt kann auch BMW ein Beispiel beisteuern: den neuen BMW 5er. Sein energischer Blick ist durch die neuen Corona-Scheinwerfer mit Lichtleittechnik noch eindringlicher geworden. Und in seinem Inneren waltet eine Kraft, größer als je zuvor: der neue BMW Reihensechszylinder ... Ein völlig neu konstruierter Ansaugtrakt gibt den neuen Reihensechszylindern noch mehr Raum zum Atmen ... Außerdem entwickelten die Ingenieure eine neue, vollelektronische Gassteuerung und takteten die Motortechnik schneller, um eine noch präzisere Feinabstimmung zu ermöglichen. ... Der BMW 5er zeigt seit vielen Generationen, dass die Evolution nur eine Logik kennt: Was sich als das Bessere durchsetzt, wird weitervererbt und perfektioniert. Nun hat der BMW 5er wieder eine neue Evolutionsstufe erreicht.«

Obwohl die Werbung des Autoherstellers seine Perfektionierungen noch in die große Linie der Evolution einzufügen versucht, ist dies doch eine kalte Logik, die keine Hoffnung, kein Ziel, keinen Namen kennt, sondern nur noch Selektion und Variation des jeweils Neuen verspricht, also dem Gesetz der Auslese gehorcht. Das Neue ist das anonym Ausgelesene: das Überlebenswerte, das Fittere, das Stärkere, das Schö-

nere, das Energischere, Erfolgreichere, Verbesserte – das selbst wieder Veränderbare und Auslesbare, weil Überbietbare.
Diese Erfahrungen beschleunigter Zeit und extrem verkürzter ›Halbwertzeiten‹ wurde gestützt vom Aufkommen neuer sozialer Strukturen in Politik und Verwaltung, Wirtschafts- und Arbeitswelt, Freizeit und privater Lebensführung im 18., 19. und 20. Jahrhundert. Es mußte auch zur Einsicht führen, daß alles Neue zugleich dazu bestimmt ist, zu veralten. Die Vergänglichkeit ›des Neuen‹ ist zur allgemeinen Erfahrung geworden, schließlich auch seine Reproduzierbarkeit, seine Wiederholbarkeit, seine Logik des Verfalls: Das Neue bringt nichts Neues, nichts Helles – führt Öde, Monotonie, Dämonen der Langeweile, Düsteres mit sich:

»Jeden Tag steigen wir einen Schritt hinab zur Hölle,
Ohne Schrecken, durch Finsternisse, die stinken.«

Diese Worte Charles Baudelaires (1821-1867) aus dem Vorwort zu Beginn der »Fleurs du Mal«, der »Blumen des Bösen«, charakterisieren treffend eine Grundstimmung in großen Teilen der modernen Literatur. Im letzten Gedicht dieser Sammlung (»Die Reise«) zeigt Baudelaire alles vergebliche Sehnen des Menschen auf, alle Möglichkeiten, die doch schließlich nur zu Frustration und Überdruß führen und schließlich allein einen Wunsch folgen lassen, den Tod:

»Reich uns dein Gift, daß Tröstung wir erfahren!
Noch brennt das Feuer – laß zum tiefsten Schlund,
Laß uns zu Himmel oder Hölle fahren!
Nur Neues zeig uns, Tod, im fremden Grund!«

Dieses Gedicht, so interpretiert Wilhelm Maas treffend, »weiß nicht, was der Tod bringt. Aber er ist auf jeden Fall verlockend; denn er ist die Chance, das *Neue* zu finden. Dieses Neue ist nicht definierbar, nicht umschreibbar; es ist der leere Kontrast zur Fadheit und Öde des Wirklichen«, das Neues will und Altes bringt. Indem das Neue heute Neues bringt, das morgen schon wieder veraltet und damit sein Charisma ebenso verliert wie seine Jünger frustriert, wird es der Selbstrelativierung, der Entwertung preisgegeben. Aber gleichzeitig geht damit keine praktische Aufwertung des Alten einher. Es wird bestenfalls abseits der Lebensströme konserviert, versorgt, entsorgt in denkmalgeschützten Deponien. Die Gradlinigkeit der Menschheitsentwicklung, worauf noch im 19. Jahrhundert ›das Neue‹ bezogen werden konnte, die optimistische Selbstgewißheit der Moderne, die sich darin ausdrückte, wurde zugunsten der reinen Beweglichkeit, der fortgesetzten Vergänglichkeit und Veränderung aufgegeben: Im Vergleich zum alten ist modernes Recht änderbar, neue – moderne – Ehen sind scheidbar, der Begriff der Ehe selbst ist umdefinierbar. Aus einem Bildungskanon sind Rahmenrichtlinien geworden. Das Neue ist das Disponible und Flexible. Die ›Neue Gesellschaft‹ ist die disponible, die ›Multioptionsgesellschaft‹ geworden, die Gesellschaft der vielen Möglichkeiten, der ›Neue Mensch‹ der flexible, antlitzlose, ersetzbare Mensch. Flexibel sei der Mensch, hilfreich entbehrlich. Nicht mehr das Befehls-Gehorsams-Prinzip gilt zwischen Eltern und Kindern, Männern und Frauen, Älteren und Jüngeren, sondern situatives Aushandeln ist gefragt. Eltern orientieren ihr Erziehungshandeln weniger an der Vermittlung fixer Normen, sondern sie zielen auf die Vermittlung von Fähigkeiten, allfällige Situationen erfolgreich im eigenen Interesse bestehen zu können. Der disponible und flexible Mensch braucht eben auch eine adäquate Erziehung.

Vieles spricht dafür, daß diese neue, entmythologisierte und entmystifizierte Bedeutung des Neuen nicht nur Folgen hat für die sozialen Bindungen und die moralische Verbindlichkeit sozialer Normen: Wenn das, was gestern galt, heute nicht mehr gilt, weshalb soll das, was heute gilt, morgen wie heute noch gelten? Auch die Konsequenzen für die christliche Religion sind absehbar. Wenn es nämlich zutrifft, daß die Modernisierung des Bewußtseins sich als Wandel von der Traditionsorientierung zur ungerichteten Zukunftsorientierung und alltagssprachlich im Machtwort des ›Neuen‹ manifestiert, so ist damit ein religiöser »Sinnzusammenhang, der seine Verbindlichkeit aus einem zurückliegenden Ursprung und einer Tradition herleitet, im Kern ›unmodern‹ und damit für ein zeitgenössisches Bewußtsein zumindest zwiespältig, wenn nicht unplausibel« (Franz-Xaver Kaufmann). Das Christentum kennt zwar an seinem Ursprung neue Glaubensvorstellungen (z.B. der ›leidende Messias‹), ja selbst Kommunikationsweisen, Aussprüche und Pointen, die vorher im Judentum nicht belegbar sind und insofern Neuheitscharakter tragen. Das ›Neue Testament‹ meint und kennt den ›neuen und den alten Bund‹ (Hebr 8, 8.13; 9, 15; 12,24; 1 Kor 11, 25; 2 Kor 3,6; Lk 22, 20), den ›neuen und den alten Menschen‹ (Eph 4,24; Kol 3, 10), das ›neue und das alte Sein‹ (2 Kor 5,17), das ›neue Gebot‹(1 Joh 2,7), den ›neuen Teig‹ (1 Kor 5,7), die ›erneuerte Schöpfung‹ (2 Kor 5,17; Gal 5,15), ein ›neues Gebot‹ (Joh 13,34; 1 Joh 2, 7f; 2 Joh 2,5), die ›erneuerte Gesinnung‹ (Eph 4,23), die unaufhörlich aus der ›neuen Wirklichkeit des Geistes‹ (Röm 7,6; Tit 3,5) erwachsen soll. Aber die Aufgaben der Kirchen liegen in der Tat nicht darin, Neues zu erfinden, sondern die überlieferte Botschaft getreu zu bewahren und weiterzugeben. Während die einen christlichen Kirchen die Apostolizität und Treue zum Ursprung durch das bischöfliche und päpstliche Amt sicherzustellen glauben, sehen die anderen dies durch das Prinzip ›sola scriptura‹ gewährleistet, die Orientierung an der Bibel, wieder andere durch ein radikales Leben in Übereinstimmung mit dem Leben der Apostel.

Man hat unsere gegenwärtige Lage oft mit der Formel zu treffen versucht, »daß das Christentum sich heute einem neuen Heidentum in der modernen Welt ... gegenübersähe; diese Parallele übersieht aber«, bemerkt Helmut Schelsky, »daß heute mit dem Christentum keine neue Wahrheit in eine alte Welt kommt, sondern sich eine alte Wahrheit gegenüber einer neuen Welt behaupten muß.« Und daraus erwachsen Christentum und Kirchen, so Schelsky weiter, die »Aufgabe, ihre ewige Wahrheit in veränderten, weltlich autonom gewordenen Sozialstrukturen neu zu *gründen*« und »eine neue soziale Gestaltung der Heilswahrheit zu finden«. Kirchen und Christentum können in einer ›neuen Welt‹, in der das Wort ›neu‹ eine Schlüsselstellung im Panorama der kulturellen Selbstdeutungen einnimmt, nur dann überleben, wenn sie sich dieses Prinzip zu eigen machen. So läßt sich in der Tat zeigen, daß die Kirchen, bei aller Beharrungskraft, die man ihnen vorwirft, den Wandel der modernen Gesellschaft nicht nur erleiden, sondern sich auch aktiv auf ihn eingestellt haben: *organisatorisch* etwa durch den Einbau von Mitwirkungsmöglichkeiten der Kirchenmitglieder, durch die Übernahme von Formen der modernen Massenkommunikation und politischen Einflußnahme; *inhaltlich* z.B. durch die Versuche, die modernen sozialen Sachstrukturen mit christlicher Ethik zu durchdringen und dem Prinzip der Religionsfreiheit Rechnung zu tragen; *bewußtseinsförmig* z.B. dadurch, daß die Kirchen der Dauerreflexion des Glaubens und dem Glauben als Suchprozeß Raum schaffen, sei es in kirchlichen Akademien, Bildungswerken, in Diskussions- und Gesprächskreisen oder sogar in der Predigt. Das belegt eine Studie, die polnische und deutsche Predigten von 1997 miteinander vergleicht: So herrschen in polnischen Predigten eher autoritäre Feststellungen vor, und es wird kaum Freiraum für Reflexion, geschweige denn rhetorischen Widerspruch gelassen, während deutsche Predigten eher zum Mitdenken, zum gemeinsamen Entdecken der Bibel einladen: Den Hörerinnen und Hörern »wird ein Weg gezeigt, es wird an die Antworten bzw. Lösungen (nur) herangeführt« (Elzbieta Kucharska). Im Vergleich zu den polnischen Kanzelreden werden in den deutschen Predigten auch alte Machtworte, die Sünde und Strafen vor Augen führen, ausgeklammert. Darin kann ebenfalls ein Beispiel für typische kirchliche Anpassungsmuster gesehen werden. Das Neue zeigt sich eben auch im Weglassen, Verschweigen und Beschneiden von Altem. Überkommene religiöse Glaubensformen und Überzeugungen wie die Vorstellung der Hölle oder des Fegefeuers, Praktiken der Marienverehrung oder des Wallfahrens und Beichtens werden ausgeklammert oder an den Rand gedrängt, gewissermaßen musealisiert, marginalisiert und exkommunziert. Sie überdauern vielleicht in ›unverbindlicher Maßgeblichkeit‹ (Arnold Gehlen) auf geduldigem Papier oder in sozialen Reservaten, werden vielleicht manchmal noch als Provokation gebraucht. Ein Opferstein als Altar im neu geschaffenen Sakralraum der katholischen Akademie des Erzbistums Freiburg hat schon einen solchen provokativen Reiz, obwohl doch oder gerade

weil die hl. Messe als eucharistisches Mahl neudefiniert wurde und der Opfergedanke in den Hintergrund trat.
Freilich werden und können nicht alle Traditionsbestände des Christentums wie diejenigen einer Kultur solchen Anpassungsprozessen unterworfen werden – es verbleibt ein Leben auch in überlieferten Ordnungen, wenn auch manchmal nur noch als eine Wahlmöglichkeit unter anderen, als Ausgleich zu der Überlastung durch ständige Innovation, wie Odo Marquard feststellt: »Je mehr ... aus Innovation Innovationsüberlastung wird, braucht es eine eigene und sozusagen zweite Anstrengung, um ... die nötige Kontinuitätskultur zu leisten«. Die Menschen halten doch »dieser Überlastung durch Neues und Fremdes« nur stand, »indem sie es so machen wie die ganz jungen Kinder. Diese – für die die Wirklichkeit unermeßlich neu und fremd ist – tragen ihre eiserne Ration an Vertrautheit ständig bei sich und überall mit sich herum: ihren Teddybären. Sie kompensieren ihr Vertrautheitsdefizit durch Dauerpräsenz des Vertrauten ... Diesen Kontinuitätsbedarf – einen strukturellen Teddybären – haben in der modernen, der schnell sich ändernden Welt auch die Erwachsenen«. Übernimmt nicht auch die Kirche die Funktion eines kulturellen Teddybären? Aber vielleicht bleibt ja in der kirchlichen Überlieferung und Bewahrung einer alten Wahrheit auch ein Anspruch verborgen, der uns heute noch etwas zu sagen hätte – ein Kern, der nicht deshalb schon veraltet ist, weil er alt, weil er nicht neu ist. Doch wer bestimmt, was Schale oder Kern ist?
Für die einen gehen auch und gerade die religiösen ›Anpassungen‹ an das Neue zu langsam, weil sie *zu wenig* Neues bringen oder *zu wenig* dem Neuen Rechnung tragen, für die anderen geht's zu schnell, weil *zu viel* Neues ins heilige Spiel kommt. Damit werden freilich die innerkirchlichen Kontroversen, die innerkirchliche Pluralität und Relativität erhöht und für immer mehr Kirchenmitglieder zur Erfahrung, die eigene Kirche nicht mehr wiederzuerkennen. ›Das Neue‹ macht sich damit auch in der alten Kirche breit, verdrängt und überfremdet die religiöse Tradition, zersetzt, wie einige zuspitzen, ihre Fundamente. Wird damit nicht auch die christliche Tradition der Verheißung eines ›neuen Himmels

und einer neuen Erde‹ (2 Petr 3,13; Offb 21,1) verdrängt und überfremdet? Läuft nicht auch das Christentum Gefahr, perspektivlos zu werden, ohne Blick auf das neue ›himmlische Jerusalem‹ (Offb 3,12; 21,2), wo Jesus mit den Seinen von ›neuem Wein‹ trinken (Mt 26,29; Mk 14,25) und die Erwählten das ›neue Lied‹ (Offb 5,9; 14,3) singen werden? Verkommt nicht auch in der Kirche ›das Neue‹ zum bloßen ziellosen Erlebnisreiz in der Erlebnisgesellschaft? Nichts Neues unter der Sonne – auch in der Kirche? Kein Heil, nur Wohlfahrt in Sicht?

Empirische Untersuchungen in einer deutschen Erzdiözese zeigen im Blick auf viele Kirchengemeinden – verkürzt gesagt: viel organisatorische Aktivität und kommunikatives Geräusch, wenig Zielgerichtetheit. In der Studie heißt es: »Das Kommunikationssystem in den Pfarreien ist dysfunktional, es funktioniert, aber nicht zielgerichtet. Bildhaft läßt sich die Situation so beschreiben, daß man in den Pfarreien gerne allerlei Dinge unternimmt, Versammlungen einberuft, Besprechungen abhält, technische Hilfsmittel verwendet, ohne daß dabei ... die Umsetzung im Vordergrund stehen muß« oder eine klare Zielperspektive. Es herrscht auch zuviel innenorientierte Kommunikation innerhalb der ›schützenden Mauern‹, auf die man stolz ist. Kommunikation nach außen findet vor allem dort statt, »wo die Menschen zur Kirche, in die Pfarrgemeinde kommen«. »Der umgekehrte Weg ›hinaus‹ – eigentlich eine ›Bringschuld‹ gegenüber den eigenen Mitgliedern und der Öffentlichkeit« – wird aber »nur selten beschritten«. Schon vor mehr als 50 Jahren (1948) hat der Jesuit Ivo Zeiger vor einer sozial innenorientierten, territorial wie operativ begrenzten pastoralen Geschäftigkeit mit »ausgeprägten Zeichen des Lebens in der Enge« gewarnt. Und er ahnte »gestaute Kräfte gefesselten Lebens, das sich in Ermangelung einer großen Aufgabe nach außen in die Kleinigkeiten des Inneren flüchtet, ... sich Balkone und Balkönchen, gute Stuben und Wolkenkuckucksheime baut«.

Das Christentum, im 18. und 19. Jahrhundert noch mit den großen Weltanschauungsalternativen zum Kampf um die Seelen der Menschen herausgefordert, ist heute – wie jener

Fortschrittsglaube – selbst dabei, seinen Glauben an die Zielgerichtetheit ›des Neuen‹ zu verlieren und das Neue bloß noch in kleinlichen Veränderungszuckungen zu sehen. Selbst der Seelsorgeamtsleiter einer großer Erzdiözese in Deutschland führt darüber Klage, »eine ›Ware‹ anzubieten, die niemand haben will, obwohl immer neue Wege gesucht werden, sie so ›attraktiv‹ wie möglich zu präsentieren«. Man sei »manchmal sogar bereit, die Inhalte der Botschaft den Erwartungen der Zeitgenossen entsprechend umzubiegen«. Sätze wie diese nähren die Annahme, daß das ›Schiff‹ der Kirche um sich selber kreiselt und sein Kurs sogar mit hohem Ressourcenaufwand derzeit kaum zu bestimmen ist. Das Christentum verdankt zwar seinen geschichtlichen Erfolg »der Fähigkeit, seine Botschaft stets erneut im Lichte unterschiedlicher Kulturen auszulegen«, wie Franz-Xaver Kaufmann betont. Und in einer Epoche fortgesetzten Wandels, der im Machtwort des ›Neuen‹ seine Legitimationsformel findet, »wird auch das Christentum zu neuen Auslegungen seiner Botschaft und zur Entwicklung zeitgemäßer Formen der Vergemeinschaftung herausgefordert. Es wir aber seine Aufgabe ... nur in *kritischer Zeitgenossenschaft* erfüllen können«, also nur im Rückgriff auf seinen eigenen Eigensinn. Vielleicht ist hierfür nicht ›Innovation‹, sondern ›Reformation‹ das bessere – ältere – Stichwort.

Reimer Gronemeyer

Marktwert

Den Marktwert eines Spitzenfußballers können wir in der Zeitung gedruckt ablesen, wenn die jüngsten Transfersummen in Millionenhöhe herausposaunt werden. Andere fragen einen Karriereberater, um herauszufinden, wie hoch ihr persönlicher Marktwert ist. Jeder soll sich überlegen – so wird einem gesagt –, wieviel man wert ist. Zum Beispiel, wenn über das Gehalt in einem neuen Job verhandelt werden muß.
Ich kann mir vorstellen, daß es in den Köpfen der Fußballmanager eine Liste gibt, in der die Spitzenspieler der Welt der Reihe nach – ihrem Marktwert entsprechend – aufgezählt sind. Bei Professoren in den USA heißt das ›ranking‹: Ranking schlägt sich nieder in einer Liste, in der Wissenschaftler nach ihren Leistungen – Publikationen, Preise, Beliebtheit – in die Reihe gestellt werden. In Zeitschriften werden bei uns die hundert besten Rechtsanwälte und die hundert besten Ärzte vorgestellt. Ich denke mir, daß eines Tages eine Marktwertliste für alle Ärzte überhaupt, alle Rechtsanwälte, alle Fußballer, alle Professoren aufgestellt werden könnte. Dann ließe sich das Werk schließlich krönen, indem man eine Marktwertliste für die ganze Weltbevölkerung aufstellte. Daß der Vorstand einer Bank in Europa einen hohen Marktwert hat, wissen wir. Daß der Bewohner eines sudanesischen Dorfes im Bahr-el-Ghazal praktisch keinen Marktwert hat, wissen wir auch. Ein grobes Raster für eine Durchnumerierung der Weltbevölkerung ihrem Marktwert entsprechend haben wir also schon. Schlußendlich würde das erlauben, den Gesamtmarktwert der Menschheit auszurechnen, der dann vielleicht etwa bei zehn Billionen Euro liegen würde.
Leute, die das Kritisieren nicht lassen können, werden vielleicht behaupten, das erinnere sie dann doch an einen

globalen Sklavenmarkt. Ist nicht der Marktwert eines Menschen zuletzt deutlich auf den Sklavenmärkten des frisch entdeckten Amerika verhandelt worden? Aber so ist es nun einmal: Bei Spitzensportlern wird mit trainiertem Menschenfleisch gehandelt, und bei Professoren ist es die graue Gehirnmasse, deren Marktwert ermittelt wird. Die Rede vom Marktwert läßt uns ahnen, daß wir uns einem globalen Sklavenmarkt nähern.

Die fröhliche Gedankenlosigkeit, mit der heute vom *»Marktwert«* gesprochen wird, deutet eine Rückentwicklung der Menschheit an: *»Wir gehen rückwärts, und das immer schneller«* so beschreibt der französische Soziologe Paul Virilio sein Empfinden. Kaum jemand nimmt Anstoß daran, daß Menschen mit Preisschildern versehen werden. Die Rückentwicklung der Menschheit gibt sich als Fortschritt aus. Tatsächlich aber versinken die mühsam angeschwemmten Inseln der Humanität, und wir zappeln in einem nihilistischen Eismeer.

Seit Plato hatte man philosophisch um die Humanisierung des Menschen gerungen. Wie kann man das Gute und das Schöne im Menschen verankern? Wie muß die Welt aussehen, damit der Mensch tugendhaft sein kann? Die Frage nach dem Charakter und nach der Person des Menschen ist jetzt offenbar als bedeutungslos abgetan, sie verschwindet einfach und weicht der Frage nach dem Marktwert, die eine Frage nach der Oberfläche ist, nach dem Design, nach der Verkäuflichkeit. Wenn vom Marktwert eines Menschen gesprochen wird, ist er zur Ware geworden. Das ist ein Rückschritt und ein Fortschritt zugleich. Rückschritt – denn in diesem Wort wird die Sehnsucht nach einer menschenfreundlichen Person und einer lebbaren Gesellschaft aufgegeben. Fortschritt – denn in diesem Wort ›Marktwert‹ setzt sich die Ökonomie als neuer Weltenherrscher endgültig durch und unterwirft sich alle Individuen, die in diesem Begriff zum Rohstoff eines globalisierten Marktgeschehens werden.

›Marktwert‹ – das ist ein neues Wort. Es ist ein Bruchstück aus der neuen siegreichen Weltreligion, die sich wie eine nasse Wolldecke über uns legt. Die Chicago Boys sind die Stifter dieser Religion, sie riefen in die Welt: *Der Markt wird alles selbst regulieren, wenn man ihn in seiner Allmacht nicht beschränkt und wenn man ihn wirken läßt, wie und wo er will.* Die Chicago Boys haben – wenn man es recht sieht – einen neuen Gott ausgerufen, und der wird angebetet unter dem Namen *Weltmarkt.* Wir haben es hier mit der ersten wirklichen Weltreligion zu tun, weil es ihr gerade gelingt, alle Kontinente und alle irdischen Verhältnisse zu erfassen. Sogar den Marktwert des Himmels hat die neue Religion entdeckt: Die NASA, die amerikanische Weltraumbehörde, hat soeben angeboten, Werbeflächen am Himmel zur Verfügung zu stellen – natürlich nur für die, die sich ein Stück vom Himmel kaufen können. Wenn das Sternenzelt verblaßt, weil wir den roten Schriftzug von Coca-Cola oder den hellblauen von Microsoft lesen sollen, dann wissen wir, daß der Marktwert über allen leuchtet und die Geschicke der Menschen lenkt.

Das Bethlehem dieser neuen Religion also ist Chicago, dort muß die Krippe gestanden haben, dort muß über einem unscheinbaren Wolkenkratzer der Stern gestrahlt haben, als die neue Religion aus dem Kopf der Ökonomen geboren wurde – so wie einst Athene dem Kopf des Zeus entsprang. Athene allerdings war schön. Der Markt ist das Supersubjekt, ist der kommende Gott – ein häßlicher Gott. Seine Geschöpfe zeichnen sich dadurch aus, daß sie an ihren Marktwert glauben. Ihre Kathedralen sind die Börsen, ihre Priester die Spekulanten, und ihre Theologen hat man in der Wirtschaftswissenschaft zu suchen. Die ist – so bemerkt Horst Kurnitzky treffend – in etwa auf den Stand der Astrologie zurückgefallen, indem sie Kenntnisse über die Gesellschaft und das Individuum ignoriert und sich auf Buchhaltung, Anlageberatung und Betriebswirtschaft beschränkt. Also auf Techniken, die jeden sozialen Zusammenhang übersehen und damit den magischen Charakter der Wirtschaftswissenschaften offenbaren.

Für die Christen ist der Mensch das Abbild Gottes. Die Marktreligion äfft das nach: Für sie ist der Mensch ein

Abbild des Marktes, weswegen sein wichtigstes Attribut sein Marktwert ist. Es gibt wenig Beunruhigung über diese Herabwürdigung des Menschen von einem Ebenbild Gottes zu einer ausgepreisten Ware, die sich auf dem Markt behaupten und sich anbieten muß. Zwei, die es wissen müssen, haben die Weltreligion Markt und die Herabwürdigung des homo sapiens zur Ware als tödliche Bedrohung beschrieben. Papst Johannes Paul II. hat gesagt: *»Der Marktkapitalismus ist die erfolgreichste Religion aller Zeiten geworden.«* Und der Investmentmanager George Soros befürchtet: *»Die uneingeschränkte Intensivierung des Laissez-faire-Kapitalismus und die Verbreitung der Werte des Marktes über alle Bereiche des Lebens gefährdet die Zukunft unserer offenen und demokratischen Gesellschaft.«*

Es ist schon eine merkwürdige Zeit, dieses beginnende 21. Jahrhundert. Die letzten beiden, die da das Wort Kapitalismus noch in den Mund nehmen und die ihn kritisieren, sind der Papst und ein Börsenspekulant.

Wir wissen, wer die Stifter der neuen Religion sind. Wir wissen, daß die neue Religion aus der Neuen Welt kommt, wie es sich gehört. Wir wissen, daß der Zeus, der Allah, der Gott dieser Religion »Markt« heißt. Wir kennen seine Priester und Theologen. Aber was liegt da auf dem Altar, was wird diesem Gotte zum Opfer gebracht? Was wird in den geschmückten Monstranzen aufbewahrt? Nun, geopfert und aufbewahrt wird Geld, Bimbes, Kohle, Mäuse, Knete. Schon die Altbabylonier wußten über den Mammon Bescheid. Sie wußten, daß Gold der Kot der Hölle ist. *»In den alten Kulturen, im Mythus, im Märchen, im Aberglauben, im unbewußten Denken, im Traum und in der Neurose wird das Geld immer in intimste Beziehung zum Dreck gebracht«*, sagt Sigmund Freud, und er fährt fort: *»Es ist bekannt, daß das Gold, welches der Teufel seinen Buhlen schenkt, sich nach seinem Weggehen in Dreck verwandelt.«*

Wenn es so ist, dann müßte man erkennen können, daß Geld ein Aggregatzustand von Jauche ist und daß alle, deren Metier das Geld ist, in Jauche schwimmen. Daß alle, die viel Geld haben, in Jauche ertrinken und daß alle menschlichen Beziehungen, die monetarisiert werden, nach Jauche riechen. Daß die Börsen von New York, London, Frankfurt, Hongkong und Tokio Fäkaliengruben sind. Wir sehen heute, wie der Dreck täglich mehr aus allen Ritzen quillt. Die Börsenkurse werden in der Tagesschau jetzt schon angekündigt wie früher Enzykliken: Sie werden zum laufenden Band, das bald unter allen Bildern mitziehen wird – selbst wenn es sich um ein Shakespeare-Drama oder einen Fernseh-Gottesdienst handeln sollte. Die Börsenkurse waren früher eine Sache, für die sich – nach meiner Erinnerung – allenfalls zigarrenrauchende Möpse interessierten. Heute drängen sie sich in die Nachrichten, in die Schlagzeilen. Die Ökonomie bricht aus ihrem Käfig aus. Im Wirtschaftsteil der Zeitung war sie da einmal symbolisch eingesperrt, nun kriecht sie auf die erste Seite und schlängelt sich ins Feuilleton, wo der Marktwert von Theater-Intendanten, Bayreuth-Sängerinnen und Medien-Bossen besprochen wird. Noch nie hat eine Idee wie diese – die Idee des Marktes – plötzlich einen solchen Sog entfalten können, so daß sie nun alles in sich hineinzieht und aufsaugt, was sich der Ökonomisierung widersetzt. Alles – so könnte man sagen – wird zur Firma: der Staat, das Sinfonieorchester und auch das Individuum. Das hat mit seltener Unverfrorenheit der neoliberale Ökonom Gary Becker zu Ende gedacht. Er behauptet, daß die Kosten-Nutzen-Relation der Betriebswirtschaft auch auf das Wesen der Liebe übertragen werden kann. *»In der Liebe zählt nur der Nutzen«*, so sagt Gary Becker, *»man muß sich die Liebe nur genau genug anschauen, dann sieht man das.«* Von Sapphos Liebesgedichten bis zu Petrarcas Sonette an Laura – es war immer nur ein von den handelnden Personen übersehenes Kosten-Nutzen-Kalkül im Spiel. Wen wundert es eigentlich noch, daß diese Auffassung, die mit der Geschichte der Antike und des Abendlandes im Handstreich aufräumt, in Stockholm mit dem Nobelpreis geehrt wurde?

Die Verachtung für die Liebe geht einher mit der Verachtung für alle Bildung, die nicht den Marktwert eines Menschen erhöht. Schulen und Universitäten sollen Kenntnisse in die Menschen einfüllen, die wie Container vorgestellt sind. Je mehr drin ist, desto höher der Marktwert der Person. Drin sein sollen Informationen, die standortgerecht sind, die einen flexiblen und beschleunigungsfähigen Typus ausstatten. Deswegen kann heute auch schamlos vom *Humankapital* geredet werden. Wirtschaftswachstum wird künftig vor allem von der *grauen Materie* abhängen, also von der gut trainierten Hirnmasse. Von den Menschen in Europa und Amerika wird mit einem Wort verlangt, daß sie sich selbst in *lebendes Kapital* verwandeln.

Alle großen Philosophen, alle bedeutenden Religionen sind von einer Verachtung für das Geld bestimmt. Darin sind sie sich einig, ob Jesus, ob Buddha, ob Seneca oder Schopenhauer. Geld ist ein Hindernis auf dem Weg zum Glück und zur Seligkeit. Wir sind heute die Zeitgenossen einer weltgeschichtlichen Wende: Zum erstenmal wird das Streben nach dem Guten und Schönen, nach der Tugend und dem Heil im Rahmen dieser neuen Weltreligion des Marktes lächerlich. Die Ökonomie schickt sich an, alles zu schlucken, was sich bisher als eigenständig ansah – gerade verschlingt sie und verdaut sie und vernichtet sie den Ethik-Brocken. Moralische Fragen werden durch die aggressiven Magensäfte der Ökonomie in betriebswirtschaftliche Lösungen umgewandelt, der unverdauliche moralische Rest wird ausgeschieden.

Man könnte sich fragen, ob das eine späte Rache der Kaufleute an Plato ist. Der hatte bekanntlich einen idealen Staat entworfen, wo jeder seine Rolle als Philosoph, als Krieger oder Wächter spielen sollte – seinen Gaben und Fähigkeiten entsprechend. In einem Nebensatz, am Schluß, sagt Plato: Diejenigen aber, die zu gar nichts taugen, die nichts können, die sollen auf dem Markt sitzen und Waren verkaufen. Nicht einmal die Bauern – so der Philosoph — haben dazu Zeit, denn sie müssen etwas Wichtigeres tun, sie müssen ihre Früchte produzieren. Heute haben die Kaufleute die Verhältnisse umgedreht:

Sie haben die Welt nach ihrem Bild umgestaltet: nicht mehr die Philosophen und ihre Tugendlehren zählen, sondern die Marktmacher und ihre Lehre vom Marktwert. Den Philosophen und Geisteswissenschaftlern haben sie den Platz in der Ecke zugewiesen und sagen ihnen: Da ihr nichts könnt, setzt euch unseretwegen hin und denkt nach. So schadet ihr niemandem.

Die von Plato so verachteten Kaufleute könnten den Philosophen in ihrer Ecke übrigens noch ein Argument hinterherwerfen. Sie könnten nämlich fragen: Was wäret ihr eigentlich ohne uns? Ist die Schönheit abendländischer Kultur, die Raffinesse unserer Speisen, die Vielfalt der philosophischen Traditionen nicht überhaupt nur dem Handel, dem Markt also, zu verdanken? Was wäret ihr ohne unsere Reisen nach Indien, ohne unsere Kontakte mit den Arabern, ohne die Kolonialwaren – weder Pfeffer noch Kartoffeln, weder die Rechenkunst noch die Gedankenwelt des Konfuzius hättet ihr je zu sehen bekommen. Also seid dankbar. Wo wäret ihr, wenn wir uns nicht durchgesetzt hätten? Unzweifelhaft haben die Verteidiger des Marktes damit recht. So bedrückend die anbrechende Alleinherrschaft des Marktes ist, sowenig mag man sich den Markt aus der Kulturgeschichte wegdenken. Neu ist aber, daß wir es heute mit einem Marktgeschehen zu tun haben, das keinerlei moralische Grenzen und Fesseln mehr akzeptieren will. Die klügeren Unternehmer des 19. Jahrhunderts, in dem der Markt seinen ersten großen weltumspannenden Aufschwung nahm, wußten ziemlich genau, daß der Markt eines moralischen Counterparts bedarf, um seine wölfischen, seine kannibalistischen Züge zu zähmen. Der Staat und die Kirche haben die Härten des Marktgeschehens gemildert und diejenigen gestützt, deren Marktwert – wie man heute sagen würde – ins Bodenlose gefallen war: die Witwen, die Alten, die Invaliden. Die Chicago-Boys und ihre neoliberale Anhängerschaft möchte diese Säule am liebsten wegtreten. Soziale Netze – so sagen sie – führen nur zur Erlahmung und Erschlaffung der Leistungsbereitschaft. Und sie beginnen, sich damit durchzusetzen,

weil der Staat diesen Argumenten gegenüber immer schwächer wird. Standortgerecht will man sein, sonst – so wird gedroht – würden die Konzerne in andere, moralisch deregulierte Regionen entschwinden. Deswegen verliert der Staat seine Einflußmöglichkeiten, deswegen muß man von einer *entfesselten Marktwirtschaft* reden, deswegen wird der Marktwert zum anthropologischen Hauptmerkmal der Zeitgenossen – so wie der Faustkeil zu den Insignien des Steinzeitmenschen gehörte. Die politischen Eliten wagen kaum noch etwas anderes zu tun, als dem Markt aufs Maul zu schauen und ihm nachzuplappern, was er vorgibt: Deregulierung, Flexibilisierung, Globalisierung sind die Dreieinigkeit der Marktreligion – Vater, Sohn und Heiliger Geist.
Der britische Soziologe Zygmunt Baumann hat unsere Situation so beschrieben: Wir sitzen heute in der Kabine eines Flugzeugs, das sich mit einer gewaltigen Geschwindigkeit vorwärtsbewegt – aber die Pilotenkanzel ist leer. Niemand steuert diesen Flug. Der unkontrollierte Wirtschaftsdarwinismus schafft immer mehr und immer schnellere Bewegung – ohne daß ein Ziel erkennbar wäre. Klügere Manager haben das übrigens begriffen, es ist ihnen die gefährliche Lage klar. Eine Weltgesellschaft, die nur von der Gier und der Konkurrenz gesteuert wird, muß sich selbst vernichten, weil die Rücksichtslosigkeit zum Prinzip erhoben ist. Aber die klügeren Manager können nichts ändern, weil niemand unter den Passagieren ist, der das Flugzeug steuern könnte. Klügere Manager wissen, daß sie selbst unter dem Zwang stehen, jeden Konkurrenten niederzuwalzen, die besten und darum auch die rücksichtslosesten Geschäfte zu machen, denen sie selbst jeden Augenblick zum Opfer fallen können. Selber Haie, folgt ihnen schon immer ein Hai, der noch größer ist, um zuzuschnappen. Wie soll das anders enden als in einem großen allgemeinen Schlachtfest? Moralische Selbstbegrenzungen kann sich in diesem deregulierten Konkurrenzkampf niemand leisten. Von wem sollte künftig eine Kontrolle des Marktes ausgehen, die schwächere Teilnehmer am Markt schützt? Wer soll noch

Anwalt derjenigen sein, die unter dem allgemeinen Wüten des Markthurrikans begraben oder obdachlos oder an den Rand gedrängt werden? Dieser Wirbelsturm ist ja nicht erst angekündigt, sondern er wütet schon. Man höre, was die UNO berichtet:

* Über 100 Millionen Menschen sind obdachlos.
* Eine Milliarde Menschen kann ihre elementarsten Konsumbedürfnisse nicht decken.
* In siebzig Ländern der Welt ist heute das Konsumniveau niedriger als vor 25 Jahren.

Während auf der einen Seite der Marktwert der Menschen kontinuierlich sinkt, steigt er auf der anderen Seite ins Absurde:

* Das Vermögen der fünfzehn reichsten Personen auf der Welt übersteigt heute das gesamte Bruttoinlandsprodukt Schwarzafrikas.
* Die 225 reichsten Männer der Welt besitzen soviel Vermögen wie die Hälfte der Menschheit.

Die Schere zwischen den Reichen und den Armen wird immer größer. Man könnte – mit Ivan Illich – sagen: Das ist doch egal, wie reich die Reichen sind. Wirklich schlimm ist, daß den Armen in den letzten Jahrzehnten die Möglichkeit zur Subsistenz geraubt worden ist – also die Möglichkeit, sich selbst zu ernähren. Aber das ist eben der geheime Zwang, der vom Begriff Marktwert ausgeht: Er läßt niemanden aus, keiner soll sich entziehen, alle müssen dem neuen Gott, dem Markt, hörig werden. Deswegen wird den Armen in der Welt die Fähigkeit entrissen, sich selbst zu ernähren, damit sie von der Belieferung mit Nahrungsmitteln, also vom Markt, abhängig werden. Ihr Marktwert ist null, aber sie sind als Nullen in den Markt eingebunden. Der kleine indische oder afrikanische Bauer hat keinen Marktwert. Der von Nahrungsmittellieferungen abhängig gewordene Slumbewohner hat einen Marktwert, wenn auch einen negativen. Er ist integriert, er ist abhängig, er ist Teil der Weltreligion geworden.

Neu ist ja nicht, daß die Menschen unterschiedliche Lebenschancen haben, neu ist ja nicht, daß es Reiche und

Arme gibt. Neu ist, daß die Kritik daran verschwindet. Der Reiche der Antike mußte sich immerhin von Diogenes in der Tonne oder von Senecas Schriften kritisieren lassen. Die Kritik der Christen am Reichtum wurde von Jesus und den frühen Mönchen als Stachel in das Fleisch der untergehenden Antike und des aufstrebenden Christentums geschoben. Mittelalterliche Theologie und neuzeitliche Philosophie haben die Reichen nie aus dieser Kritik entlassen. Jetzt erst setzt sich die Beseitigung dieser Kritik durch.

Im politischen und ökonomischen Raum werden Beschleunigungsbarrieren weggeräumt, um dem Befehl zur Standortgerechtigkeit dienstbar zu sein. Der Beseitigung äußerlicher Barrieren entspricht die Notwendigkeit, auch im Innern der Individuen Barrieren wegzuräumen, die der Beschleunigung entgegenstehen. Das Geheimnis des Begriffes *Marktwert* ist, daß dieser Begriff das Instrument ist, mit dem diese inneren Hindernisse geschleift werden wie eine mittelalterliche Stadtmauer. Das, was man einmal Charakter genannt hat, wird im Zeitalter der inneren Beschleunigung zum Haupthindernis. Bei Aristoteles werden die gerühmt, die *zögernd und tatenlos* durch die Welt gehen. Etwas Schlimmeres kann man einem Menschen heute vermutlich nicht nachsagen. Zögernd und tatenlos: Der Bankdirektor, der Konzernmanager, der Minister oder der Bischof, der diese Worte aufgreifen würde, verschwände sofort vom Markt, sein Marktwert würde ins Bodenlose sinken.

Der Charakter, der seit der Antike immer wieder, immer mühsam mit der Idee des Guten, des summum bonum, verknüpft wurde, wird heute verflüssigt. An seine Stelle tritt der Imperativ der Beschleunigung. Die Idee der Tugend wird wie ein Kaffeesatz ausgespült. Darum kann die Person nicht mehr als imago Dei, als das Ebenbild Gottes, gedacht werden, sondern wird nach dem Muster einer sechsspurigen Autobahn geplant. Nicht die Suche nach dem Guten, sondern das kreisförmige Rasen der Boliden auf dem Nürburgring macht den homo modernissimus anschaulich. Die Rauchsäule, die dem Volk durch die Wüste voranzieht, ist ersetzt durch das zyklische Kreischen, mit dem die Boliden die immer gleichen Kurven durchmessen, verfolgt vom Kamerablick, an dem Millionen geschwindigkeitsbesessene Zuschauer hängen. Steigt eine Rauchsäule auf, dann wurde der Beschleunigung das fällige Opfer gebracht. Die Formel-I-Faszination ist nur erklärbar, wenn man sich klarmacht, daß die Zuschauer zu sehen bekommen, was sie selbst sein sollen: beschleunigungsfähiges Blech. Daß sie sich mit rasender Geschwindigkeit im Kreis drehen sollen, denn Start und Ziel dieser Raserei sind schließlich identisch. Beschleunigung um ihrer selbst willen, richtungslos.

Die Liquidierung des Charakters läßt ein Wesen auf die Bühne treten, das sich wahrnimmt als ein dem Stoßgesetz unterliegendes Teilchen. Nachdem ihm Gott und das Gute abhanden gekommen sind, beginnt dieses Wesen notwendigerweise auch dem Du gegenüber zu erblinden. Unweigerlich – denn ohne die Idee des Guten kann der andere nicht mehr als Du, sondern nur noch als Konkurrent wahrgenommen werden. Die religiösen und interaktiven Fühler werden eingezogen, und es bildet sich eine Monade heraus, die sich nur im Börsenerfolg, im Fitneßstudio oder im Horrorvideo als lebendig erfahren kann. Weil dieses Wesen die Taue zu Gott und zum Nächsten gekappt hat, verliert es auch sein Ich, weil sich das Ich nur realisieren kann, wenn es als Resonanzfläche für ein göttliches oder menschliches Du erscheint. So folgt aus der Radikalisierung des Individualismus auch gleich das Ende des Individuums.

In diesem Wort »Marktwert« verbirgt sich der endgültige Angriff auf das Eigene des Menschen. Die Umgestaltung des Menschen folgt der Umgestaltung der Produktion. Das starre tayloristische System, das in der Fließbandarbeit seinen Ausdruck fand, ist am Ende. Dem Fließband war das Innenleben des Arbeitenden gleichgültig. Das Werkstück kam im Takt und mußte im Takt verschraubt werden. Diese Zeit der Hierarchie und der Arbeitsteilung ist vorbei. An die Stelle treten kooperative Arbeitsformen. Kreativität und Engagement der Angestellten sind jetzt gefragt. Die inneren Reserven müssen mobilisiert werden. Der Einsatz für die Unternehmensziele wird zur quasi-religiösen Pflicht der einzelnen Mitarbeiter. Darum ist vom Marktwert die Rede, der Marktwert ist die Brechstange, mittels derer die inneren Barrieren der Individuen aufgebrochen werden, um an die menschlichen Ressourcen zu gelangen. Dieser Vorgang beschränkt sich längst nicht mehr auf die Sphäre der Produktion. Kindergarten und Knast, Theater und Museum, Universität und Schule, Diakonie und Arbeiterwohlfahrt, Jugendarbeit und Altenfürsorge: Alles gerät unter das Diktat des Marktwertes. Die Lehre des Professors wird evaluiert. Der Pfleger scannt seine Leistungen am Bett des Sterbenden ein. Der Drogentherapeut wird auf zehnminütige Persönlichkeitsstärkung festgelegt. So wie Django im Wildwest-Film den Sarg an den Sattel seines Pferdes gebunden hat, wenn er in das Städtchen einreitet, so schleppt der Marktwert schon den Sarg in die Gesellschaft, um alles, was noch lebt, darin zu versenken. Hinter der Rede vom Marktwert wird eine umfassende Vergletscherung und Erkaltung der Gesellschaft sichtbar. Eigentlich soll in der Gesellschaft und für das Individuum nichts anderes mehr gelten als das betriebswirtschaftliche Kalkül.

Das hat es in der Geschichte der Menschen noch nicht gegeben. Und es ist sehr fraglich, ob Lebenszusammenhänge, die nur noch durch betriebswirtschaftliche Bedingungen zusammengehalten werden, bewohnbar sind. Der Blick auf Kinder macht das sofort deutlich. Kinder können nicht zu Menschen werden, wenn sie nicht die Erfahrung machen, daß ihnen Liebe und Zuneigung zuteil wird, für die sie nicht bezahlen müssen. Eine Erziehung, die den künftigen Marktwert eines Kindes ins Zentrum stellt, muß Monster hervorbringen.

Das ist ein deprimierendes Szenario? Sicher, aber es birgt eben auch die Hoffnung, daß dem Unwetter ein klarer, strahlender Tag folgt. Vielleicht entscheiden sich unsere Nachkommen ja ganz anders: Vielleicht entschließen sie sich, diese Welt, die sie vorfinden, umzustürzen und statt dessen eine menschenfreundliche Behausung zu bauen. Es käme zwar einem Wunder gleich – aber an Wunder gilt es zu glauben: Warum soll nicht in einer vom Geld dominierten Lebenswelt plötzlich das Contra anfangen zu leuchten und Kräfte zu entfalten? Ein Contra, das auf Freundschaft statt auf Beziehungen, das auf Geben statt auf Nehmen setzt, das den Nächsten und nicht den Konkurrenten entdeckt? Das kann passieren. Erwarten wir es.

EDUARD KOPP

Online

»Ich bin drin.« Mit diesem Ausruf machte der Tennisstar Boris Becker in Werbefilmen Monate lang seiner Freude Luft. Der Sportler, der dabei ist, einen Wirtschaftskonzern aufzubauen, zeigt sich in dem TV-Spot beglückt vor seinem Computerbildschirm sitzend. Freudestrahlend teilt er mit, daß auch er nun *online* ist. Becker wird als Newcomer des großen Geschäfts dargestellt. Klar, daß er nun unbedingt »drin« sein muß, im Internet, das voller Versprechungen zu sein scheint.

Der Begriff »Online« ist zu einem der großen Machtworte des Zeitgeistes geworden. Wer online ist, gilt automatisch als innovativ, kommunikationsstark und erfolgreich. The line, die Leitung, ist zu einem immensen Geflecht geworden, über das nahezu jeder und alles erreichbar ist. Wer online ist oder geht, sich also ins Internet als Anbieter oder Nutzer einklinkt, tut damit unhinterfragt etwas Gutes, Nützliches und Schönes.

»Ich bin drin!« Werbungen wie diese üben eine Faszination aus, der wir uns kaum entziehen können. In den Schulen und Parteien, in den Kirchen und Unternehmen dürfen diejenigen großer Aufmerksamkeit sicher sein, die auf das neue Massenmedium setzen. Die Macht, die von dem Schlüsselwort »Online« ausgeht, wirkt unaufhaltsam und sublim. Da bedarf es nur geringer Überzeugungsarbeit, neue Kunden in das große Abenteuer Internet hineinzulocken.

Was ist heute draußen, was ist drin? Und vor allem: *Wer* ist draußen, *wer* ist drin?

Drin, so heißt die neue Gesellschaftslehre, sind die, die online sein können, sich also einwählen können ins Internet, jenem weltumspannenden Netz der Netze, über das in Bruchteilen von Sekunden Nachrichten,

Bilder, Musik und vieles mehr durch die Kontinente jagen.
Online zu sein, das ist aber beileibe nicht nur eine praktische Frage, sondern eine nach der Lebensphilosophie. Wer dabei ist, gehört zur täglich wachsenden Gemeinde der Netzbürger, der sogenannten netizens, wie sie in einer Verfremdung des englischen Wortes citizen, Bürger, genannt werden. Nach diesem Denkmodell bilden die Netzbürger tatsächlich eine eigene Gemeinschaft. Sie leben, denken, kommunizieren in einer eigenen Welt, aber alle irgendwie miteinander. Das ist alles nicht mehr zu vergleichen zum Beispiel mit dem Kreis der Postbenutzer in früheren Jahrzehnten. Nie wäre vor ein paar Jahrzehnten die große Schar der Telefonierer oder der Postkartenschreiber als eine eigene Gesellschaft oder sogar Gemeinschaft verstanden worden.
Doch das Internet scheint nun eine solche weltumspannende Gemeinschaft möglich zu machen. Allerdings gehen die Einschätzungen in dieser Frage weit auseinander. Den beiden großen Kirchen in Deutschland zum Beispiel ist die Vorstellung von der Weltgesellschaft der Netzbürger recht fremd. Im Grundlagenpapier der katholischen und evangelischen Kirche aus dem Jahr 1997 über die Mediengesellschaft herrschen noch überwiegend pessimistische Einschätzungen vor.
Vieles gefällt den Kirchen an der neuen Welt der Bits und Bytes nicht. Sie sehen das Internet weniger als neues, gemeinschaftsstiftendes Medium, also als eine Art sozialer Klammer, sondern eher als eine Ansammlung von »Spezialangeboten für jedes nur mögliche Interesse«. Mit anderen Worten: Im Internet reden und leben die Mehrzahl der Teilnehmer aneinander vorbei, statt miteinander. Es bleiben nach Meinung der Kirche nur zahllose Inseln von Einzelgruppen und Einzelinteressen.
Schlimm, wenn es tatsächlich so wäre. Aus den immer individuelleren Angeboten der Medien und des Internets könnte dann letzten Endes wirklich Isolierung, Vereinzelung der Menschen entstehen. Dann würde dieses neue Medium, das eigentlich der Kommunikation der Men-

schen dienen soll, paradoxerweise zu mehr Einsamkeit führen. Der Argwohn der Kirchen gipfelt in einem sehr bezeichnenden Satz. Sie wittern höchste Gefahr, wenn – so heißt es wörtlich – »globale Kommunikationsnetze mit einem anarchischen Freiheitspotential« entstehen.
Eine berechtigte Angst? Ich bezweifle das. Natürlich wird nicht jeder der rund 25 Millionen deutschen Internet-Nutzer, die Anfang des Jahres 2001 geschätzt wurden, mit jedem anderen in Kontakt treten. Und natürlich ist die fulminante Zahl von zehn Millionen Deutschen, die innerhalb des Jahres 2000 neu den Weg ins Internet fanden, eine unfaßbare Größe, die fast schon nach Wildwuchs und Chaos klingt. Doch sie sollte nicht Anlaß zu fortgesetzten Warnungen geben, sondern zu kreativem Umgang mit diesem neuen Medium, dessen Faszination sich kaum einer entziehen kann.
Und noch eine Zahl vermag die unvergleichliche Karriere des Internets zu illustrieren: Weltweit erhöhte sich in Jahresfrist die Zahl der Seiten mit Textinformationen um rund 7,3 Millionen. Das hat die Universität von Kalifornien in Berkeley im Herbst 2000 errechnet, und wahrscheinlich ist diese Zahl inzwischen weiter gestiegen.
Aber selbst diese Internet-Seiten sind fast noch bescheiden in ihrem Wachstum, wenn man sie vergleicht mit den elektronischen Briefen von Computer zu Computer, den sogenannten E-Mails: Deren Zahl wächst 500 mal schneller als die Zahl der Seiten im Internet. Die direkte Post, die direkte Kommunikation zwischen Sender und Empfänger steht also 500 mal besser im Rennen als die etwas anonymere Präsentation von homepages, von Internet-Seiten. Persönliche Kontakte sind also weiterhin Trumpf, selbst in der explosionsartig wachsenden Computerwelt.
Wenn wir hier vom *Macht*wort »Online« reden, dann sicherlich nicht im Sinne einer zentralen Institution, die ihre Vorstellungen von der Medienzukunft mit Druck oder Gewalt durchsetzt. Das Netz ist nicht zu steuern und entzieht sich prinzipiell dem Machtmißbrauch. Die Macht des Netzes geht von seiner Faszination aus und

von der Möglichkeit, daß jeder Teilnehmer und jede Teilnehmerin ihren eigenen Beitrag leisten.
Wenn wir hier von einer Macht sprechen können, dann nicht von der Macht einer staatlichen oder zentralistischen Institution, sondern von der wirtschaftlichen und gesellschaftlichen Macht der Anbieter und Nutzer. Und die ist fortwährend Veränderungen unterworfen. Im Internetzeitalter geht es um Schnelligkeit und Erreichbarkeit. »Stellen Sie sich vor: Sie haben 100 000 Kunden und 1 Sekunde Zeit«: Dieser Text aus einer Anzeige im Computerfachblatt c't zeigt, in welche Dimensionen das Internet vordringt. Und eine andere Firma textet in ihrer Anzeige: »Stellen Sie sich vor: Ihre Website ist in 2 Sekunden da und kein Kunde springt mehr ab«. »Rasen ohne Reue« – so heißt eine weitere Devise im schneller werdenden Netz.
Elektronischer Handel und technischer Fortschritt: Sie sind die Schrittmacher der Internet-Entwicklung, und sie orientieren sich wenig daran, welche sozialen Folgen der Netzrausch mit sich bringt. Was Gewinne verspricht, wird gemacht. Wohin mag die Reise gehen? Selbst die Kirchen bekennen letztlich ihre Orientierungslosigkeit, wenn es um die sozialen Folgen des Internets geht: Sie sagen in ihrem Grundlagenpapier: »Es ist schwer auszumachen, von welchem Punkt an zunehmende Individualisierung und Differenzierung tatsächlich zu einer den einzelnen und das Gesellschaftssystem bedrohenden Desintegration führen.« Es bleibt also auch für die Kirchen ein Rätsel: Wo verläuft eigentlich die Grenze zwischen der wünschenswerten Autonomie des einzelnen und seiner Isolation? Offen bleibt die Antwort auf die Frage: Macht das Internet letztlich gesellig oder einsam?
Die Entwicklung ist inzwischen sehr viel weiter gegangen, als die Kirchen 1997, im Jahr der Veröffentlichung ihrer großen Erklärung, ahnen konnten. Hätte diese Erklärung statt ihrer moralischen Appelle einen ihrer analytischen Sätze in den Vordergrund gestellt, so wäre dieser der beste, der optimistischste gewesen: »Das Internet bietet jedem Nutzer die Möglichkeit, selbst zum Anbie-

ter zu werden und Inhalte zu erstellen, die dann weltweit verfügbar sind.«

Genau das und nichts weniger ist die Zauberformel des Internets. Nicht mehr nur die Verleger, sondern Mediennutzer wie du und ich werden zu Anbietern. Das Internet macht aus Lesern, aus »Usern«, aus reinen Konsumenten handelnde Subjekte. Der vielzitierte mündige Bürger, die mündige Bürgerin: Im Internet wird er, wird sie Wirklichkeit und kommt zum Zug.

Online zu sein ist für weite Kreise der Gesellschaft selbstverständlich geworden. Überaus nützlich ist das Netz. Es erlaubt Bankengeschäfte und Reisebuchungen, bietet Wettervorhersagen, Schulprogramme, Kochrezepte, Predigten, Wasserstandsmeldungen, politische Nachrichten, Börsenkurse und und und. All dies ist unabhängig von Ort und Zeit erreichbar, ob aus New York oder Berlin, aus Sydney oder Peking.

Das Netz gibt Sicherheit. Das haben schon seine Erfinder, amerikanische Militärs, gewußt. Sie bauten das Netz so auf, daß es selbst bei der Zerstörung von Teilnetzen weiter funktioniert. Auf einer sehr viel niedrigeren, einer ganz und gar bescheidenen Ebene haben auch Journalisten das Netz zur persönlichen Beruhigung benutzt. Es war ein Netz im Sinne eines doppelten Netzes: Es erlaubte ihnen, Texte zu übertragen, die sie Tage später auf Diskette in die Redaktionen trugen oder per Fax durchgaben.

Eine Karriere sondergleichen erlebten die kurzen Nachrichten von Handy zu Handy. Im gleichen Maß und Zeitraum sind die Briefe und Ansichtskarten erkennbar an Zahl geschrumpft. Ich wage die These: Die schriftlichen Kurzgrüße aus den Ferienorten oder von Dienstreisen sind an ihrer eigenen Erstarrung zugrunde gegangen. Denn wenn man die folgenden Versatzstücke aus allen Kartengrüßen heraussieben und löschen würde, bliebe wenig an wirklichen Informationen übrig: »Wetter und Essen gut, herrliche Landschaft, erholsame Spaziergänge. Vermisse Euch sehr. Bin bald zurück.«

Dies zu erwähnen lohnt sich deshalb, weil es häufig

heißt: Die Millionen an digitalen Grüßen und Online-Botschaften enthielten weithin nur Banalitäten. Aber: Sie sind nicht weniger banal als alle schriftlichen Kurzbotschaften zuvor. Denn im Gegensatz zu ihnen sind sie erstens brandaktuell, nämlich fast auf die Minute genau; sie können zweitens Zug um Zug beantwortet werden, während die Postkartenschreiber gleichsam in einen leeren Zeitraum hinein kommunizierten; und drittens sind sie diskret: Kein Postbote ruft mehr, wie in volkstümlichen Filmen gern gezeigt, die Neuigkeiten das Treppenhaus hinauf – etwa der Art: »Frau Meier, Ihr Sohn ist gut in Neapel angekommen!«

Die ersten internetfähigen Handies sind auf dem Markt, und ihre Zahl wird zügig steigen. Surfen von jedem beliebigen Ort aus: Das ist die Vision. Es steht zu erwarten, daß viele Mobiltelefonierer in Zukunft mit ihrem Handgerät auch ins Internet drängen werden. Damit öffnen sie den zweiseitigen Datenaustausch für eine Kommunikation mit ungezählten Adressen. In jedem Handy-Benutzer steckt gleichsam ein weiterer Internetsurfer der Zukunft.

Wir kennen aber auch Mahnungen wie diese: Das Internet macht die Reichen noch besser informiert, die Armen noch dümmer. Die Mainzer Stiftung Lesen beobachtet eine sich vergrößernde »Wissenskluft« zwischen der »Informationselite« und den Medienverweigerern. Zugleich ist jedoch auch der soziale Nutzen unübersehbar: Es wird immer billiger, sich einen Computer anzuschaffen und ins Netz einzusteigen. Und selbst autoritäre Staaten, die früher jeden schriftlichen Außenkontakt unterbanden, sind auf einmal nicht mehr Herren über ihre Bürgerinnen und Bürger. Aus China oder Nordkorea, auch aus den unterdrückten Staaten der ehemaligen Sowjetunion finden digitale Nachrichten den Weg ins Ausland. Ökumene, die weltweite Gemeinschaft der Christen, hat sich in den vergangenen Jahren neue Wege gebahnt. Im- und Exportverbote für Druckwerke muten auf einmal wie Regeln aus einer fernen Zeit, ja fast naiv an.

Die Computerprogramme für die ersten Bundestags-

oder Landstagswahlen per Computer sind schon längst fertiggestellt. Die ersten Testabstimmungen waren erfolgreich, allerdings bislang nur bei Universitätswahlen, zum Beispiel in Osnabrück. Bei den Wahlen zum Europäischen Parlament soll die erste reale Online-Wahl möglich sein. Schon die Bundestagswahlen 2002 könnten vom heimischen Computer aus funktionieren. Technische Probleme jedenfalls stehen dem nicht mehr im Wege. Wohl fehlt es noch an der Akzeptanz, an entsprechenden Gesetzen und der Bereitwilligkeit der Behörden. Doch was in Deutschland noch auf sich warten läßt, war im amerikanischen Bundesstaat Arizona im März 2000 schon möglich.

Hierzulande nutzen die Parteien die Online-Präsenz immer mehr zur Selbstdarstellung. Und es heißt, daß das Internet der Mittelpunkt beim nächsten Bundestagswahlkampf sein wird. Vor allem die jungen Wählerinnen und Wähler werden sich dieses Mediums bedienen. Parteitage, die nur im Netz stattfinden: Auch dies ist nicht mehr reine Fiktion, sondern bereits Realität. Die Grünen Baden-Württembergs haben es im November und Dezember 2000 vorgemacht.

Wird es eines Tages eine unüberbrückbare Wissenskluft geben zwischen denen, die drinnen sind, und dem Rest der Bevölkerung? Nicht mehr und nicht dramatischer als bei allen anderen Medien auch. Wer nicht ins Netz will, der muß es auch nicht tun, sowenig, wie er oder sie zwei Mark dafür ausgibt, um sich eine überregionale, meinungsbildende Tageszeitung zu kaufen.

Das Netz ermöglicht in Zukunft noch viel schnellere, viel breitere Teilhabe an der öffentlichen Meinungsbildung. Politiker, Kirchenleute, Wirtschaftsunternehmen haben die Möglichkeiten des Netzes noch gar nicht erkannt, geschweige denn ausgeschöpft. Da ist in Zukunft vieles vorstellbar: Bürgerbegehren, Parteitage, Synoden und Konzilien, Kundenbefragungen und Warentests. Das Netz könnte die etablierten Institutionen unserer Gesellschaft bald das Fürchten lehren. Sobald sich findige Netzbürger die neuen Möglichkeiten des Meinungsabgleichs online zunutze machen, wird sich kein Mächtiger mehr mit den Worten dem Disput entziehen können: Die Leute wollen so wie wir.

Die Kirchen sehen sich nach der »ersten Reformation« Martin Luthers und der »zweiten Reformation« durch die Befreiungstheologen nun mit einer »dritten Reformation« konfrontiert. Da machen sich auf einmal ganz normale Netzbürger für Projekte und Ziele stark, die ihnen von höherer Stelle weder anvertraut noch zugetraut wurden. Sie sind von niemandem delegiert und vielleicht auch nicht qualifiziert, aber die große Zahl gibt ihnen Gewicht.

Das Internet bringt mehr Teilhabe, und das ist ein urchristliches Projekt. Die Jugendlichen, die heute ganze Serien von vielleicht dürftigen Kurznachrichten über ihr Handy absetzen oder sich mit schlichten Beiträgen an einem Chat, einem Gespräch im Netz, beteiligen, werden in einigen Jahren ihre politischen, wirtschaftlichen und kirchlichen Absichten und Wünsche mithilfe des Netzes bei den Mächtigen anmelden. Die Medien, die heute vielleicht teuer und zeitraubend erscheinen mögen, sind wichtige politische Instrumente in einem, spätestens in zwei Jahrzehnten. Eine E-mail an einen Minister oder Kirchenmann zu schicken ist schon heute eine Sache von wenigen Minuten. Wie lange schrieben unsere Eltern an einem ähnlichen Brief, der anschließend adressiert, frankiert, zur Post getragen werden mußte – wenn sich unsere Eltern überhaupt trauten, ihre Meinung vorzutragen!

Sicherlich: Die moralischen Zumutungen, die das Internet ebenfalls bereithält, kann man nicht einfach ignorieren. Ein erheblicher Anteil der Fotos, Kenner sprechen von weit über 20 Prozent, soll pornografisch sein. Und auch das passiert: Es werden abscheuliche Straftaten vor aller Welt zur Schau gestellt. Das Boulevardblatt »Bild« hätte die Geschichte, über das es sich vor einiger Zeit entrüstete, nicht besser erfinden können: »Nackte Frau sägt Mann den Kopf ab« hieß eine Schlagzeile. Zwölf Fotos einer Mordtat mit anschließender Verstümmelung des Opfers, irgendwo in Amerika begangen, seien im Internet zu besichtigen, so klagte die Bildzeitung, und zwar

»frei zugänglich, auch für Kinder«. Da glaubt man gern, auch ohne eigenen Augenschein, die Grenzen des Erträglichen und schon gar des guten Geschmacks überschritten. Wenigstens ersparte das Blatt seinen Lesern die Angabe der Netz-Adresse und die Abbildung dieser Fotos. Bei anderen Bluttaten wäre dem Massenblatt solche Zurückhaltung schwerer gefallen. Man kann sich jedenfalls die boulevardtypische Bildunterschrift in einem solchen Fall leicht ausmalen: »Sollen das unsere Kinder im Internet sehen?«
Nein, sie sollen es nicht, und wir wollen es nicht. Warum auch? Warum sollten amerikanische Triebtäter unsere Aufmerksamkeit genießen und unser Telefonbudget belasten? Sudelkinder, Extremisten, Auschwitz-Leugner – sie alle gibt es ohne Zweifel. Doch man muß sie schon mit kriminalistischem Feinsinn im Internet aufspüren, um sich anschließend über sie moralisch erheben zu können.
Die anstößigen Fundsachen im Netz werden uns auf Dauer erhalten bleiben. Alle Entrüstung von Politikern, Kirchenleuten und Juristen vermag daran nichts zu ändern. Wer eine saubere digitale Welt in Aussicht stellt, nährt eine Hoffnung, die nie erfüllt werden wird. Das Netz ist nicht zu ordnen und nicht zu zensieren. Das hat vor allem technische Gründe. Heute hier, morgen dort speisen Namenlose ihre Daten ins Netz. Es ist ja nicht so, daß sie sich ordentlich mit Briefkopf und Anschrift anmeldeten. In offenen Gesprächsrunden, sogenannten »News-Groups«, geben sie sich selbst Phantasienamen und anschließend ihre Bild- und Ton-Dokumente preis.
Dieser Leute habhaft zu werden ist nur schwer möglich. Und so kamen Politiker und Staatsanwälte auf die Idee, die Provider verantwortlich zu machen, also jene Firmen, die den Endverbrauchern den Zugang zum Netz eröffnen, also gleichsam die Betreiber der elektronischen Kioske. Allein den Providern die Schelle umzuhängen und sie für gesetzeswidrige oder unmoralische Angebote im Netz verantwortlich zu machen führt jedoch kaum weiter. Würden die Online-Firmen selbst Hunderte von

Kontrolleuren beschäftigen, sie gingen doch hoffnungslos unter in den internationalen Datenströmen. Oder die Online-Firmen verlegten ihren Standort einfach ins Ausland. Das wiederum will keine Regierung.
Es kann nur zwei Wege geben, die ungetrübte Freude am Netz zu erhalten: erstens durch Selbstverpflichtungen der Netzteilnehmer und der Provider, und zweitens durch eine moderne Medienerziehung. Die Deregulierung der Medienlandschaft, die die Kirchen notorisch beklagen, hätte sie schon vor Jahren mit eigenen pädagogischen Modellen und Programmen auf den Plan rufen müssen. Von großen Internet-Initiativen der Kirchen zum Beispiel für junge und alte Menschen ist so gut wie nichts zu hören. An moralischen Appellen hingegen besteht kein Mangel. So bringen sich die Kirchen selbst um ihren Einfluß und ihren Erfolg.
Für junge Leute, die nun einmal die Schrittmacher der digitalen Revolution sind, ist das Eintauchen in die Online-Gesellschaft nicht nur leicht. Im Gegenteil, es fordert all ihre seelischen Kräfte. Einerseits fasziniert sie das Netz im hohen Maße, aber andererseits fordert es sie ganz und gar heraus. Das Netz ist eben nicht ein gigantisches, weltumspannendes Spiel, sondern eine immense Herausforderung. Der Soziologe Ulrich Beck hat in seinem Buch »Kinder der Freiheit« (1997) die besonders hohen Ansprüche beschrieben, die junge Leute heute zu erfüllen haben. Beck nennt es eine Überlebensfähigkeit, aus den oft unüberschaubaren Angeboten »nach eigenen Maßstäben das Wichtigste herauszufiltern und den Rest zu ignorieren«. Dieser Zwang zur eigenen Wahl, den die Jugendlichen im Alltag ohnedies schon empfinden, wird im Internet noch verstärkt. Nichts geht dort ohne die rasche Entwicklung eigener Maßstäbe, eigener Vorlieben, eigener ethischer Urteile.
Und damit verbindet sich nach der Beobachtung von Ulrich Beck sogleich ein zweites Problem. Jugendliche stehen heute mehr als die Generationen vor ihnen in einem deutlichen Zwiespalt, den Beck so beschreibt: »Wie kann die Sehnsucht nach Selbstbestimmung mit der

ebenso wichtigen Sehnsucht nach geteilter Gemeinsamkeit in Einklang gebracht werden? Wie kann man zugleich individualistisch sein und in der Gruppe aufgehen?« Führen wir diesen Gedanken Ulrich Becks weiter, dann wird nur der Jugendliche zu einer befriedigenden sozialen Rolle finden, der trotz eines hohen Maßes an Selbstbestimmung tragfähige Gruppenbeziehungen unterhält. Für die Computerkids bedeutet das ganz konkret: Nicht allein vor dem Bildschirm versauern, sondern in Gruppen und mit Freunden die eigenen Beobachtungen teilen. Routinierte Netzbürger sind routinierte Gesellschaftsbürger.

Das Surfen im Internet gehört heute zur »Grundbildung dazu wie Lesen und Schreiben«, sagt der Philosoph Walther Zimmerli, Präsident der Universität Witten-Herdecke. Aber er sagt auch, daß die Schüler von heute besonders gut lernen müssen, wo sie welches Wissen finden und vor allem wie sie kritisch mit diesen Fundsachen umgehen. Zimmerli hält es für unabdingbar, daß sich Schüler unabhängig vom Netz einen »Notvorrat an Informationen schaffen, der auch dann da ist, wenn sie nicht am Netz sind«. Das Internet, so wird deutlich, ist also kein Garant für eine Wissensgesellschaft, sondern ist nur den Leuten von Nutzen, die aus der Vielzahl der Informationen die zutreffenden, korrekten, nützlichen herausfiltern können.

Wir reden heute über das Online-Sein, was ja technisch nichts anderes bedeutet, als »in der Leitung« zu sein, und wissen bereits, daß in fünf Jahren die *mobile* Revolution voll im Gange sein wird. Das heißt: Schluß mit den Kabeln und Strippen, stattdessen entstehen zwischen vielen internetfähigen Geräten Funkbrücken und Infrarotverbindungen. Mobil sein und dennoch im Netz verbunden, so heißt dann die Devise. Online im engeren Sinn, also am Kabel angeschlossen, werden dann wieder weniger Menschen sein, aber gleichwohl werden sie alle schnell und zahlreich das Internet nutzen. Nicht nur die Computer zuhause und im Büro werden am Datenaustausch teilhaben, sondern auch der Kühlschrank, die elektri-

schen Rolläden, die Mikrowelle, der Fernseher, möglicherweise auch das Pflegebett, das Babyphon und - vielleicht eines Tages - die elektronische Fessel für den untreuen Ehegatten.
Der Funk macht das Internet noch variabler. In diesem Sinn gibt es Anzeigen in Fachblättern wie dem Computermagazin c't, die verkünden: »Wer jetzt kein Internet mit Funk hat, braucht bald auch keins mehr.« Internet per Funk, so die Werbung, sei 2300 mal schneller als ISDN.
Es werden uns bald auch nicht mehr die Texte und die Stimme der Gesprächspartner genügen, sondern wir werden sie per Internet häufiger im bewegten Bild wahrnehmen können. Amerikanische Kindergärten bieten den Eltern bereits heute den Service an, durch das Auge von webcams, also von Netzkameras, das Treiben ihrer Kleinen aus der Ferne zu beobachten. Während die Mutter zuhause das Mittagessen bereitet und der Vater im Büro über Bergen von Papier brütet, können sie ihr Kind beim Spielen oder Raufen beobachten und die Erzieherinnen beim Kaffeetrinken gleich mit. Wie weit dies das Vertrauensverhältnis zwischen allen Beteiligten in Mitleidenschaft zieht, ist noch unklar.
Sollten ähnliche Kontrollbeobachtungen bei alten, pflegebedürftigen Menschen einreißen, würde dies ein besonderes Desaster unserer Gesellschaft offenbaren: den Sieg der Technik über die Mitmenschlichkeit. Gewiß: Eine Hilfe könnte es sein, die Inhalte des Kühlschranks zu überprüfen und online neue Nahrungsmittel zu bestellen; die liebste Fernsehsendung für den alten Onkel von ferne einzuschalten und parallel die Mikrowelle mit dem Apfelstrudel sowie die Kaffemaschine. Doch trotz aller digitaler Perfektion wird ein pflegebedürftiger Mensch nicht auf das verzichten können, was ihn am Leben hält: die direkte Begegnung von Mensch zu Mensch.
Das Machtwort Online, das so voller Versprechungen scheint, hat letztlich eine begrenzte Wirkung. Die digitale Revolution wird nicht die Lösung der Personalsorgen in der Kranken- und Altenpflege bringen, es wird nicht

die Kindererziehung auf den Kopf stellen und nicht die Liebe zwischen Partnern. Denn überall dort, wo es um die persönliche Begegnung von Menschen geht, bleibt die Online-Kommunikation ein bescheidenes, wenn auch faszinierendes Hilfsmittel.
Für die direkte Teilnahme am Trubel der menschlichen Gesellschaft gibt es keinen Ersatz. Auch die Mut- und Kraftproben im wirklichen Leben sehen häufig anders aus als im Internet. Das Leben besteht eben nicht nur aus einem virtuosen Austausch von News und Nettigkeiten. Spätestens dann, wenn der Netzbürger einmal dringend konkrete Hilfe in den eigenen vier Wänden braucht, könnte es für ihn selbst im übervölkerten Internet auf einmal ziemlich einsam werden. Daß das Machtwort online auch in solchen schwierigen Situationen seine Versprechungen hält, das hoffen die Bürger der weltweiten Netzgemeinschaft. Und wir mit ihnen.

FULBERT STEFFENSKY

Mobilität

Wörter können zu Götzenbildern werden. Sie verlieren unter der Hand und ohne daß es jemand bemerkt, ihren einfachen Sinn. Sie werden zu Suggestionen und Befehlen, und sie ersetzen die Argumente. Flexibilität, Fitness, Neuheit, Jugend, Schönheit, Erfolg können solche Wörter sein. Diese Wörter meinen nicht, was sie sagen. Sie sind Aufforderungen und Ermahnungen: Wenn du ein moderner Mensch sein willst und auf der Höhe der Zeit, dann erkenne uns fraglos an; dann opfere und diene dem, was wir benennen; mache es zu deinem Letzten – zu Gott: den Erfolg, die Jugend, die Flexibilität! Die Sprache, die die Dinge doch offenbaren soll, wird zum Deckmantel der Lüge. Gehört zu diesen Lügenwörtern das Wort Mobilität? Nennt das Wort einen Sachverhalt, der die Humanität des Menschen beschädigt oder fördert?

Ich werfe zunächst einen Blick auf die jüdisch-christliche Tradition und frage, welche Rolle Bewegung dort spielt. Man findet in ihr zwei Grundtendenzen, einmal das Lob der Gegenwart und zum anderen die Sehnsucht nach dem neuen Land. In der ersten Form sehen die Glaubenden die Schöpfung. Sie sehen, was schon da und gelungen ist. Sie preisen Gott, wie Paul Gerhard es tut, an den Bäumen voller Laub, an Narzissus und an Tulipan, an der hochbegabten Nachtigall, am Storch und an der Bienenschar. Es ist nicht alles nur Zukunft, und man kann schon den Wein genießen und die edle Honigspeise. Man kann schon sehen, daß das Leben gut ist, und man muß nicht ein ewig Morgiger sein. Dasein, Bleiben, Loben, Schon-Zuhause-Sein, Ruhe sind die Merkmale und Wünsche in jener Religion.

Neben der lobenden Schöpfungsreligiosität gibt es die Sehnsucht nach Erlösung. Aufbruch und Mobilität gelten hier mehr als Bleiben und Ruhe. Hier sind die Texte voller Bewegungsbilder. Ausdrücke, die dem Menschen Bewegung nahelegen oder gar vorschreiben, kommen geradezu aus der Mitte des Glaubens. Aufstehen, aus dem Vaterland weggehen, Vater und Mutter verlassen, keine feste Stätte haben, Auszug sind Grundworte des Glaubens. Das Starre soll in Bewegung kommen. Der Ort, an dem man sich eingerichtet hat, soll verlassen werden: der Ort der Sünde und des verkehrten Lebens, der Ort der Hoffnungslosigkeit, der Ort des erbärmlichen Lebens. Biblische Geschichten sind fast immer Veränderungsgeschichten. Menschen werden dazu gebracht, Heimaten zu verlassen, Lebensweisen zu verändern, Eingewöhnungen zu durchbrechen, Rollen und Berufe aufzugeben. Es werden Mobilisierungsgeschichten erzählt; Geschichten gegen den Fatalismus und gegen Lebensstarre. Menschen werden auf die Beine gestellt, von den alten Orten weggeholt, sie machen Wandererfahrungen wie das Volk, das aus Ägypten gerufen wird und durch Meer und Wüste ins Gelobte Land soll.

Die Bewegung gilt allerdings nicht in sich selber. Die Menschen jenes Glaubens sind keine Easy Riders, die daherjagen des Jagens wegen. Ihre Bewegung hat ein Ziel. In das Land ohne Knechtschaft soll das Volk ziehen. In die größere Freiheit und Eindeutigkeit soll der ziehen, der Vater und Mutter verläßt. Die den Glaubenden zugemutete Mobilität ist Transzendenz, ist Hinüberschreiten in die größere Lebensklarheit und in eine Heimat, in der noch niemand war. In dieser Mobilität ist die Reise selber noch nicht das Ziel, es ist der Weg zum Ziel. Also nicht die pure Veränderung und der Aufbruch werden gelobt, sondern die Sehnsucht geht auf das Ankommen im anderen Land, in der anderen Heimat. Die Idee der besseren Heimat macht den Menschen Beine. Sie werden unruhig und zu vaterlandslosen Gesellen, weil sie die Luft von einem anderen Stern gespürt haben, von einer Heimat, in der sogar die Blinden sehen und die Lahmen ihren Tanz haben. Den Aufstand können nur die proben, die schon Bilder jener anderen Heimat haben, in der es keine Lebenswüsten mehr gibt und in der keiner mehr Beute des anderen wird. Je größer die Lebensvisionen sind, die Menschen haben und wagen, um so mehr werden sie unruhig, rasseln sie an den Ketten ihrer Gefangenschaften und werden sie zu Menschen der Sehnsucht. Die christliche und die jüdische Tradition diskreditiert also Bewegung nicht, sie verlockt zu ihr.

Ich möchte nun einen Blick zurückwerfen in eine Zeit, in der die Menschen an die Orte gebannt und immobil waren. Es ist keine ferne Vergangenheit, sondern die Welt meiner eigenen Kindheit, deren Verhältnis zur Zeit, zur Geschwindigkeit und zur Mobilität uns heute beinahe archaisch anmutet. Das Symbol jener langsamen Welt war ein von Kühen gezogener Wagen. Von weitem hörte man ihn kommen, und langsam verschwand er. Die Leute brauchten viel Zeit für ihre Wege, für die Zubereitung der Speisen, für die Ausbesserung der Werkzeuge, für das Hacken der Kartoffeln, für das Schneiden des Grases und das Flicken ihrer Kleider. Nur wenig ging maschinell und ließ sich rasch erledigen. Die Menschen waren an ihre Orte gefesselt, da es kaum Autos gab und das Verkehrssystem wenig entwickelt war. Wenn man in die 5 km entfernte Kreisstadt ging, zog man die Sonntagskleider an, weil es in der Seltenheit zur »Reise« wurde. Die Straßen hatten eine andere Bedeutung. Sie waren nicht Verkehrsadern, durch die man von einem Ort zum anderen huschte, ohne die Wege wahrzunehmen. Sie waren öffentliche Orte. Die Kinder spielten auf ihnen, und sie brauchten keine besonderen Spielplätze. Die Leute gingen auf ihnen, sahen einander und plauderten, schimpften oder tratschten miteinander. Man nahm sich wahr, im Guten wie im Bösen.

In der immobilen Welt waren die Leute nicht nur an die äußeren Orte gebunden, sondern auch von ihren inneren Orten kamen sie nur schwer los, von ihren Lebensauffassungen zum Beispiel. Wie man über das Leben dachte, über die Erziehung der Kinder, das Verhältnis von Mann und Frau, über Religion und Erziehung, das hat sich wenig verändert. Auch in der Lebensphilosophie war man immobil. Andere Entwürfe als die der eigenen Welt hat man ja kaum kennenlernen können. Das »Andere« war darum eher das Unbekannt-Feindliche, vor dem man sich hüten mußte. Das Sprichwort »Bleibe im Lande und nähre dich redlich!« war nicht nur eine Warnung vor dem Ortswechsel. Auch die geistigen Orte waren oktroyiert und sollten nicht gewechselt werden. Auch in den sozialen Orten, den Rollen, war man immobil. Undenkbar war damals, wie meine Enkelkinder und ich heute miteinander umgehen. Wir streiten miteinander, wir spotten übereinander, die Kinder fallen dem Großvater ins Wort und er ihnen. So viel Freiheit und Spiel konnte man sich damals nicht denken. Die Vaterrolle war klar, ebenso die der Mutter und der Kinder, der Alten und der Jungen, der Angesehenen und der weniger Angesehenen. Man wußte, wer als erster zu grüßen hatte und wem als erstem das Wort zustand. Weil das Verhalten so geregelt war, waren dies Zeiten hoher Voraussagbarkeit. Man wußte, was Menschen normalerweise taten, wo sie waren und wie sie sich verhielten. Wenn man zum Beispiel bei Verwandten oder Bekannten Besuche machte, hat man sich nicht angemeldet, weil man schon wußte, wann oder wo jemand anzutreffen war.

Diese immobilen Welten hatten eine formale Sicherheit und Verläßlichkeit. Aber waren es gute Welten? Diese Frage wird eindeutig positiv nur der beantworten, der noch nie in der Sommerhitze lange staubige Wege gehen mußte; der noch nie in der Herbstnässe Runkelrüben ausgegraben hat; der nie in Zeiten gelebt hat, in denen die Kinder den Eltern nicht widersprechen durften, die Frau dem Mann, die Laien dem Geistlichen und die Bauern dem Gutsherrn nicht. Die größere Mobilität und das andere Lebenstempo haben also dem Menschen viel vom äußeren und inneren Lebensdruck genommen. Mobilität hat das Leben humanisiert.

Und doch lagen in jener engen, immobilen Zeit Voraussetzungen für eine Beheimatung des Menschen, die heute bedroht sind. Die Menschen hatten in jenen kargen Zeiten ein anderes Verhältnis zu den Dingen. Man hat die Dinge nicht schnell gekauft und sie schnell verbraucht

und weggeworfen. Vieles hat man selber hergestellt: die Rechen, die Besen, man hat Strümpfe gestrickt und Kleider genäht; man hat die Dinge oft selbst repariert, wenn sie verbraucht waren. Die Dinge gewannen Bedeutung, indem man anders mit ihnen umging. Die Objekte waren nicht nur fremde und benutzbare Gegenstände. Ich greife einen Gedanken von Ernst Bloch auf: In der Heimat ist man nicht nur mit Menschen identisch. Auch die Dinge kommen uns nahe, daß wir darin zuhause sind. Das Objekt rückt uns so nahe wie das Subjekt. Man war mit den Dingen vertraut. »Welt des Brotes« hat Pasolini jene alte und langsame Welt genannt. Auch den Orten war man in jenen immobilen Zeiten mit einer andern Emotionalität verbunden. Und so gab es das Heimweh, jene alte, fast ausgestorbene Krankheit aus immobilen Zeiten. In unseren Zeiten des raschen Wechsels werden die Orte bedeutungsloser, und wir können das Leiden derer kaum noch begreifen, die nach dem Krieg aus ihren Heimaten vertrieben wurden. Heute sind die Orte auswechselbarer, einfach deswegen, weil man sie häufiger wechselt. Sie verlieren ihre Eigentümlichkeit, damit aber auch die Kraft, Menschen zu bergen. Woraus bestand die Eigentümlichkeit eines Ortes? Nicht nur aus den Formen der Landschaft, auch aus dem Dialekt, der dort gesprochen wurde; aus den Essens- und Verhaltensgewohnheiten; aus den besonderen Erinnerungen und Geschichten, die dort erzählt wurden. Oft wechselte der Dialekt von Ort zu Ort seine Färbung. In den Städten waren die Stadtteile an den verschiedenen Dialekten erkennbar. In den Zeiten hoher Mobilität verschwinden diese Eigentümlichkeiten weithin. Die Dialekte müssen gepflegt werden, sie sind schwach und museal geworden. Die Essensgewohnheiten verschwinden, und es gibt Rote Grütze in Stuttgart, wie es Maultaschen in Hamburg gibt.
Die Landschaften immobiler Welten waren Erinnerungslandschaften. Man kannte die Geburts- und Sterbedaten der Großeltern. Man wußte etwas von der Geschichte des Ortes, seine Sitten und Bräuche. Man wußte, an welchen Stellen Menschen ein besonderes Schicksal ereilt

hatte: wo einer verunglückt war und ein anderer ertrunken. Die Orte waren Gedächtnisorte. Auch dies hat natürlich seinen eigenen Zwiespalt. An immobilen Orten können die Toten übermächtig werden und den Menschen auf der Brust sitzen mit ihren Lebensvorstellungen und ihren Moralen. Es gibt ein kaltes Gedächtnis, das die Menschen fesselt und ihnen befiehlt, so zu denken und zu handeln, wie die Toten gedacht und gehandelt haben. Aber es gibt auch die Erinnerung an die Visionen der Toten, an ihre Schmerzen und Errettungen, die unsere eigene Hoffnung und Lebenskraft ernähren. Keine Humanität ohne Erinnerung daran, was die Toten gelitten und erträumt haben!

Die Welt mit geringer Mobilität war eine öffentliche Welt. Menschen sahen sich und wurden gesehen, gingen miteinader um und waren einander nicht anonym. Ich nehme als Beispiel das Einkaufen. Wo der Individualverkehr gering war; wo also Menschen weder Privatautos hatten noch ein sehr gut ausgebautes öffentliches Verkehrssystem, da war man dazu gezwungen, im Laden an der nächsten Ecke einzukaufen. Im Laden oder auf dem nahegelegenen Markt wartete man, bis man an der Reihe war. Man unterhielt sich indessen mit anderen Kunden und tauschte Neuigkeiten aus. Man sagte dem Kaufmann seinen Wunsch oder handelte auf dem Markt mit der Marktfrau. So geriet man schon beim einfachen Akt des Einkaufens in eine Vielfalt von Beziehungen. Gewiß sind auch Beziehung und Öffentlichkeit neutrale Begriffe, und man kann nicht übersehen, daß die Anonymität der modernen Stadt den Menschen zu schützen vermag vor dem Druck, der Neugier und der Bosheit des Kollektivs. Was aber, wenn der Mensch kaum noch ein Forum findet, keine Öffentlichkeit, von der er gesehen wird und in der er andere sehen und wahrnehmen kann? Was, wenn er künstliche Foren einrichten muß, damit er nicht in seiner Einsamkeit ertrinkt – den »sozialen Treffpunkt«, den »Ball der einsamen Herzen« und das »Kontaktzentrum«? Ich schildere aus unserer Zeit eine andere Art des Einkaufens: Wir nehmen in unserem Haus gerade größere

Veränderungen vor, und dazu waren neue Möbel zu kaufen. Wo kaufe ich sie? Natürlich bei Ikea. Ich setze mich also ins Auto, fahre etwa 10 km, reihe mich am Ende in eine lange Autoschlange ein und finde schließlich meinen Parkplatz vor Ikea. Mit vielen hundert Menschen ziehe ich durch die Verkaufsräume. Eine Schrift auf dem Boden sagt mir, daß durch diese Räume täglich 15 000 Menschen ziehen. Ich finde meine Ware, die ich mir vorher im Katalog markiert habe, bezahle sie ohne ein überflüssiges Wort, und bald bin ich zuhause. Ich habe vielleicht 500 oder 1000 Menschen gesehen, habe sie in der Enge gestreift und ihre physische Nähe gespürt. Aber außer der kurzen technischen Unterhaltung mit dem Verkäufer habe ich mit niemandem geredet und bin von niemandem angeredet worden.

Mobilität kann die Welt undurchschaubar machen. Um beim Beispiel Ikea zu bleiben: ich weiß nicht, wo die Möbel, die ich kaufe, hergestellt werden. Vielleicht sind sie in meinem Kaufhaus so preiswert, weil sie in Billiglohnländern fabriziert werden. Vielleicht stellen Strafgefangene sie für ein Nichts her, und ich bin am Unrecht beteiligt, ohne daß ich das weiß. Wenn der Kaufmann in der alten immobilen Welt seinen Lehrjungen schlecht behandelte, hat man dies gesehen, man hat es ihm gesagt oder nicht mehr bei ihm gekauft. Hier kaufe ich zwar billig, aber ich kann nicht mehr durchschauen, welches System ich damit stütze. Die neue Mobilität macht die Welt nicht nur erkennbarer. Das tut sie gewiß, indem mich Nachrichten aus aller Welt um Nu erreichen und ich von Weltgegenden direktes oder indirektes Wissen erhalte, deren Namen ich vor 60 Jahren nicht einmal kannte. Aber meine eigene Welt kann auch verdunkelt werden, indem ich die Vorgänge um mich herum nicht mehr deuten und beurteilen kann. Die Welt wird mir fremd. Die Ferne wird nah, und die Nähe wird fern.

Die alte bäuerliche Welt setzte die Menschen unter ständigen Bleibezwang. Das war eine Immobilität, die das Leben herabzog und schwer machte. Aber es gibt eine neue und bisher unvorstellbare Form der Mobilität, die

das Leben zum Verstummen bringt. Davon soll nun die Rede sein. Dabei geht es nicht nur um die Veränderung, die es mir ermöglicht, in unvorstellbarer Geschwindigkeit von einem Ort zum anderen zu kommen. Es geht um eine Welt, in der ich mich ohne Mühe und im Nu in Informationsnetze einschalten kann und selber Nachrichten übermitteln kann. Es geht um eine Welt, in der ich meine Lebensoptionen, meine Religion, meine menschlichen Beziehungen rasch wechseln kann. Es ist eine neue Welt, in der die Menschen noch ganz in dem Rausch leben, daß sie Herren über die Zeiten und über die äußeren und inneren Orte geworden sind. Was macht diese neue Welt der Blitzartigkeit mit unserer Seele?
Vor einiger Zeit hat mich meine Arbeit in fünf Tagen in fünf Großstädte gebracht. An einem Abend war ich in Halle, wo ich zum ersten Mal war. Aber ich habe nur ein Hotel und die häßliche, von Autostraßen zerschnittene Landschaft um den Hauptbahnhof gesehen. Ebenso kurz habe ich auf dieser Reise Stuttgart, Hof, Berlin und Kassel gesehen. Welch eine Beleidigung der Städte, sie nur in der äußersten Reduktion auf ein Hotel und einen Vortragsraum wahrzunehmen! Diese Städte haben mir nichts gegeben. Sie waren mir nichts schuldig, weil ich ihnen keine Zeit gelassen habe. Sie sind nicht in meinem Gedächtnis, und ich habe keinen Grund, sie zu lieben. Ich habe nichts von ihnen gesehen und erkannt, und so haben sie mir das Leben nicht freundlicher gemacht. Ich weiß, wo Halle auf der Landkarte liegt; ich habe ein abstraktes Wissen von der Stadt. Denn ich habe sie nicht mit meinen Sinnen wahrgenommen. Entsinnlichte Welten drohen zu sinnlosen Welten zu werden. Sinnlichkeit und Sinn hängen nicht nur im Wortstamm zusammen. Es gibt eine neue, fast omnipotente Gleichzeitigkeit, die den Menschen entheimatet und ortlos macht. Daß ich in fünf Tagen an so vielen verschiedenen Orten sein kann, ist der Anfang davon. Was aber, wenn ich durch die neuen Informationssysteme in derselben Stunde an der Börse in Tokio sein kann, in der Zentralbibliothek in Washington und bei der Olympiade in Australien. Die Gegenwart

wird endlos ausgedehnt. Man ist nicht heute hier und morgen dort, sondern fast überall gleichzeitig. Der Mensch wird ubiquitär, allgegenwärtig. Damit aber verliert er sein Hic et Nunc, sein Hier und Jetzt, seinen Ort und seine Erlebniszeit. Die Blitzartigkeit und die immerwährende Gegenwart bedeuten den Verlust der Heimat, den Verlust des irdischen Raums. Die irdischen Räume werden zwar nicht zerstört, aber sie werden entwertet. Alles wird gleich, alles wird gleichgültig. Wer bin ich eigentlich in dieser Mobilität und Telepräsenz? Wo gehöre ich hin, wenn ich alle Erdenschwere verloren habe? Was liebe ich, und wem bin ich verpflichtet?

In der neuen Blitzartigkeit sind vor allem die »Hinreisen« weggefallen, die langen Anwege, die Mühen der Ebene und die Sehnsucht, anzukommen. Saint-Exupéry schreibt: »Die Erde lehrt uns mehr über uns selbst als alle Bücher, da sie sich uns entgegenstellt. Der Mensch entdeckt sich, wenn er sich an Widerständen mißt.«

Was wissen und lernen wir über uns selbst, wenn in der neuen Blitzartigkeit und in der übereilten Welt der Widerstand der Dinge aufgehoben wird?

Wenn ich vor 200 Jahren nach Rom wollte, dann mußte ich eine lange Reise machen. Rom war nicht jederzeit – sommers wie winters – verfügbar. Es hat mir seinen Widerstand entgegengesetzt, und ich mußte es erobern. Ich mußte das Wetter aushalten, ich mußte Gefahren bestehen. Die Reise ging langsam, und Schritt für Schritt näherte ich mich der Stadt, die mein Ziel war. Rom war nicht nur Rom, es war auch die Reise nach Rom. Man konnte nicht rasch und gewaltsam auf die Stadt zugreifen, sie in Besitz nehmen und genießen. Die Annäherung war zeitaufwendig und langfristig. Man war anders in Rom und erlebte die Stadt anders, weil man sich für die Annäherung Zeit lassen mußte. Rom hatte dem Reisenden seinen Widerstand entgegengesetzt, an dem man arbeiten mußte. Darum hat man in jener Zeit nicht nur Berichte über Rom geschrieben, sondern Berichte über die Reise nach Rom. Goethe schreibt in seiner »Italienischen Reise« auf der letzten Station vor seiner Ankunft in Rom:

»Morgen Abend also in Rom! Ich glaube es noch jetzt kaum, und wenn dieser Wunsch erfüllt ist, was soll ich mir nachher wünschen!«

Die Hinreise, der Widerstand der Zeit und der Entfernung hat ihm die Stadt kostbar gemacht.

Will ich heute nach Rom, so kann ich von Hamburg aus, sofern ich das Geld dazu habe, in zwei Stunden dort sein. Die Stadt steht mir zur Verfügung. Das aber hat Folgen für das Verhältnis zu dieser Stadt. Sie wird gewöhnlicher, alltäglicher und weniger kostbar sein, mit dem Gedanken von Exupéry: sie lehrt mich weniger. Ich habe zu dieser Stadt kein erotisches Verhältnis, weil ich mich ihr nicht langsam angenähert habe und weil vor dem Ziel kein Weg und keine Zeit mehr lagen. Ich war blitzartig da. Alle wichtigen Lebensvorgänge aber sind langsam. Der rasche Zugriff und der Wegfall der widerständigen Annäherung, der Wegfall der Arbeit macht die Stadt weniger wichtig, gleichgültiger und austauschbar. Wir sind immer Herren der Lage, und in fauler Unmittelbarkeit stehen mir die Dinge und Orte jederzeit zur Verfügung. Nicht Arbeit ist der Weg der Annäherung, sondern das Kaufen. Das Leben wird käuflich wie eine Hure. Dann aber werden die Dinge und die Orte ihre Sprache und ihr Geheimnis verlieren. Sie haben keine Nachricht mehr für uns, sie lassen uns einsam zurück.

Die Vermeidung der Anwege und Umwege wird zur jägerhaften und beutemacherischen Grundeinstellung zur Welt. Es ist der Triumph des »instant« und der Geraden gegen die angemessene Zeit und gegen jeden spielerischen Umweg. Es ist der Triumph der Effizienz gegen jede andere Lebensqualität. Die Welt wird zur Beute, und so ist sie nicht länger Schwester, Trösterin und Schönheit.

Von der Blitzartigkeit und der Bewegung des unmittelbaren Zugriffs bleiben natürlich die Beziehungen der Menschen zueinander nicht verschont. Was wird aus Freundschaft, Erotik, Ehe, wenn die umweglose und plumpe Direktheit die Beziehung der Menschen zueinander diktiert? Wird es das schöne Wort Liebesspiel noch geben, oder wird auch die Erotik begradigt und kanalisiert aufs

Miteinanderschlafen. Wir sind dabei, uns auf allen Gebieten als große Don Juans des Lebens einzuüben. Aber Don Juan war kein Liebhaber. Er war manisch getrieben und von Todesangst besessen. Von ihm ist nichts zu lernen.
Vielleicht muß man dem alten Wort Askese eine neue Ehre geben. Ich meine damit nicht die alte Opferaskese, in der der Mensch das Beste aus seinem Leben schneidet, um es einem hungrigen Gott zu geben. Ich meine die Einfachheit, die uns die erotische Zuwendung zum Leben ermöglicht. Daß geistige, physische und lokale Immobilität den Menschen kurzsichtig und plump machen kann, wissen wir. Daß aber auch die gottgleiche Blitzartigkeit und Allgegenwärtigkeit die Seele wegfressen kann, das müssen wir erst lernen. Überfluß zerstört Intensität. Dieser Satz gilt überall. Auch die grenzenlose Mobilität stört die Lebensintensität, die Wahrnehmungsfähigkeit, die Beziehungsfähigkeit und die Genußfähigkeit. Sie entsinnlicht das Leben. Eine unsinnliche Welt aber ist eine sinnlose Welt.
Die rasende Mobilität hat kein Ziel. Die Bewegung selber gilt schon als Ziel und Inhalt. Die Bewegung ersetzt den Geist. Rasen ist nicht zufällig ein Ausdruck für die schnelle Fortbewegung, es ist auch ein Ausdruck für Wahnsinn. In dieser neuen Blitzartigkeit geht die Tugend der Passivität verloren. Eine Aktivität aber, die die Kunst der Passivität nicht kennt, wird bedenkenlos, ziellos und erbarmungslos. Die passiven Stärken des Menschen gehen verloren: die Geduld, die Langsamkeit, die Stillefähigkeit, die Hörfähigkeit, das Wartenkönnen, das Lassen, die Gelassenheit; um zwei alte Worte zu nennen: die Ehrfurcht und die Demut. Wir sind zum Siegen verdammt; zu Siegen, die uns selber und die Welt unserer Kinder zerstören.
Ich plädiere für eine neue Askese und frage mich selber, wie hilflos dieser Ausweg ist. Den Entschluß zu dieser Askese treffen einzelne; es ist eine individuelle, aber keine politische Lösung des Problems. Können einzelne sich der rasenden Geschwindigkeit in den Weg stellen mit

ihren individuellen Entschlüssen? Werden sie nicht überrollt oder bleiben sie nicht kleine Sonderwelten, ohne Einfluß auf eine Kultur, für die Bewegung alles ist?
Das ist die Frage nach dem Erfolg. Ich glaube aber nicht, daß der Erfolg die einzige Kategorie ist, an der ein Verhalten zu messen ist. Man muß gelegentlich widerstehen, obwohl der Widerstand überrollt werden und wirkungslos sein kann. Man ist es der eigenen Würde schuldig, nicht weiter mitzumachen an der Zerstörung der Welt unserer Kinder, selbst wenn die Weigerung erfolglos bleibt. Was aber dann? Manchmal lernen die Menschen nur durch die Katastrophen. Manchmal nicht einmal durch sie. Wie gelassen sprechen wir von Klimakatastrophen von der Erwärmung der Erde, vom Zuendegehen der natürlichen Ressourcen, von der Verödung der Landschaften! Vielleicht werden unsere Urenkel einmal die Lust an der »totalen Mobilmachung« (Ernst Jünger 1931) verfluchen. Dies klingt pessimistisch, und ich bin pessimistisch. Aber unser Hauptfehler ist nicht der Pessimismus, sondern die Naivität, und vielleicht fängt die Bekehrung der Gesellschaft an mit der Fähigkeit, sich zu entsetzen über das, was unserer Zukunft blüht.

Herausgeber und Autoren

Lothar Bauerochse
Dr. theol.; Redakteur beim Kirchenfunk des Hessischen Rundfunks.

Michael N. Ebertz
Dipl. Soz., Prof. für Sozialpolitik an der Kath. Fachhochschule Freiburg, Privatdozent für Soziologie an der Universität Konstanz.

Alexander Foitzik
Redakteur bei der »Herder Korrespondenz«, Freiburg.

Reimer Gronemeyer
Professor für Soziologie an der Universität Gießen.

Hans-Joachim Höhn
Dr. theol.; Professor für Systematische Theologie an der Philosophischen Fakultät der Universität zu Köln.

Klaus Hofmeister
Redakteur beim Kirchenfunk des Hessischen Rundfunks.

Eduard Kopp
Ressortleiter beim Magazin »Chrismon«, Hamburg.

Stephan Krebs
Pressesprecher der Evangelischen Kirche in Hessen und Nassau.

Andreas Malessa
Pastor im Bund Evangelisch-freikirchlicher Gemeinden; freier Hörfunkjournalist beim Deutschland-Radio Köln und Berlin sowie Fernsehmoderator beim Südwestfunk.

Lukas Niederberger
Jesuitenpater, Mitglied der Leitung im Lassalle-Haus Bad Schönbrunn oberhalb Zug in der Zentralschweiz.

Horst-Eberhard Richter
em. Professor für Psychosomatik und Psychotherapie in Gießen.

Bernardin Schellenberger
Freier Schriftsteller und Übersetzer.

Fulbert Steffensky
Dr. theol.; em.Professor für Religionspädagogik am Fachbereich Erziehungswissenschaft der Universität Hamburg.